輝きを取り戻す

〝発達障がい〟と呼ばれる子どもたち

――ゆめの森こども園　愛の関わりと連携の実例集――

ゆめの森こども園 代表

前島由美

はじめに――推薦の言葉

「一緒に、食で子どもたちを救いましょう！」

２０１３年５月、この１本の電話が、前島由美先生との運命的な出会いでした。出雲で療育支援に関わっていらした前島由美先生が、「どうしたらこの子たちを救えるか」、一生懸命に情報を集めていらした中で、偶然に手にとってくださった、拙著『食べなきゃ、危険！』（食品と暮らしの安全基金、小若順一、国光美佳著　三五館シンシャ刊）をきっかけに、私は悩みを抱えるたくさんの親子と出会わせていただくようになったのです。

『食べなきゃ、危険！』の中で、現代食に不足しているミネラル（カルシウムやマグネシウム、鉄などの微量栄養素）を食事で補っていくことで、発達障がいと診断された子どもたちの症状が改善した事例を書いていました。こちらを読まれた前島先生が、実践してみたところ、「本当に３日でパニックを起こしていた子どもに変化がみられた！」と驚かれ、「どんどん連携して事例を増やし、食の大切さを広げていきましょう」と言って、『ゆめの森こども園』を訪れる親御さんと私をつないでくださるようになりました。

日々、たくさんの子どもたちと関わり、長年の保育士のキャリアを持つ前島先生が語る子どもたちの変化の姿は、私に大きな勇気を与えてくれました。当時、子どもたちの抱えている症状が食で緩和することについて、世間ではなかなか理解が得られず、一例一例の体験談を数多く重ねていかなくてはと思っていた時期だったからです。

前島先生を通じて出会うお母さん方に、家庭の食を、煮干しや昆布、あご（トビウオ）などを取り入れてミネラル豊富にしていってもらったところ、さまざまな症状を抱えるお子さんの嬉しい報告が届くようになったのです。この時期のお母さんたちの出会いのお陰で、ミネラルがいかに子どもたちの心身の安定に欠かせないかを実体験から発信し、より多くの方に実践いただけるようになっていきました。前島先生、お母さん方に感謝の思いでいっぱいです。

お母さん方に、お子さんの様子を伺うと、必ず話題に上がるのが、「今日、前島先生がこんなふうに言ってくださった」「前島先生が学校に付き添ってくれたので心強い様子だ。

友だちと関わるきっかけをもらった」……という前島先生にまつわるエピソードでした。

一方、前島先生に子どもたちの様子を聞くと、「この子は、こんなに素晴らしいところがあるのよ。こんなに優しい心を持っているの」「一人ひとりが輝ける場をつくっていかなくては」という愛情深い言葉と共に、子どもたちの意思を尊重しながら、越えていくべき壁をしっかり越えさせていく素晴らしい関わりの様子が語られました。

その姿は、まるで映画のワンシーンのようで、思わず感動の涙がこぼれることもありました。

「子どもの心を荒らすのも癒すのも、大人なのだ」――荒れていた子どもが変容し、本来の優しさを発揮していった時の前島先生の言葉が心に残っています。本書によって、前島先生の具体的な関わりの姿を、多くの方に知っていただけることが嬉しくてたまりません。

さらに、前島先生の関わりは、子どもたちにとどまらず、親御さんも包み込んだ家族全体の変容、学校現場の先生方との連携へと広がっていました。一人の子どもを巡って、親御さん、療育、学校が連携できた時、それぞれの力は何倍にもなって、苦しんでいる子どもたちの力になる実証も、本書には具体的に描かれています。

『ゆめの森こども園』では、胚芽米や雑穀、自然栽培の野菜や味噌汁、島根の海で獲れる魚や海藻をふんだんに使った安心安全でミネラル豊富な食を提供されています。まさに食の取り組みと、前島先生やスタッフの皆さんの素晴らしい関わり合いとが一体となって、さまざまな苦しみを抱えた子どもたちを支え、自信を取り戻して輝いて生きる力を育てているのです。

全国にこのような場が出来ていったら、どれほど多くの親子が救われていくことでしょう。発達障がいと診断される子どもたち、素晴らしい才能を持ちながら行き場を失っている不登校の子どもたち、向精神薬が手放せなくなっていく子どもたち、そして悩みを抱えるお母さんたち……。食や環境を整えながら、「丸ごと受け止める」「信じきる」「一人ひとりを、とことん輝かせる」関わりを必要としている親子がたくさんいます。

本書に描かれた前島先生の真摯な関わりと子どもたちの姿は、日々の子育てに思い悩むお母さんたちをはじめ、教育現場の先生方、子どもと関わるすべての大人に、たくさんのヒントを与えてくれることでしょう。私も、子どもたちに寄り添うこととは？　親子を丸ごと受け止めることとは？　本来の教育はどこに向かっていくべきか？　……生き方そのものを学ばせていただいています。
ひとりでも多くの方に、読んで、感じて、実践いただき、さらに多くの子どもたちに輝く笑顔が広がることを心から願っております。

令和元年十一月

『食べなきゃ、危険！』著者　国光美佳

ミツバチの
お世話も
みんなで！

おやつづくり
のお手伝い

七輪で海水
を煮詰めて
藻塩づくり

ゆめの森こども園のくらし

自然のままの食材で
ミネラル豊富な
おいしい食事

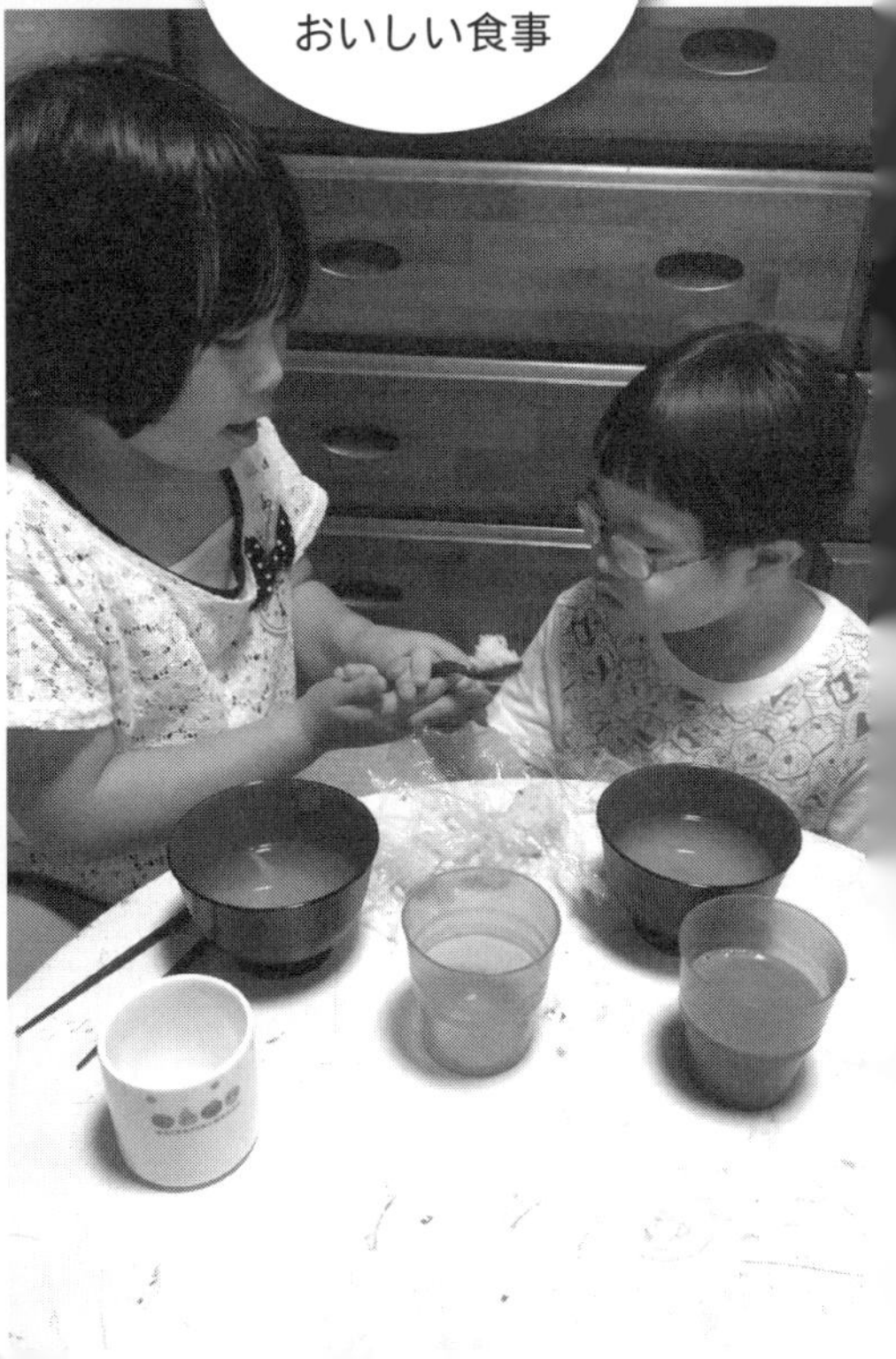

薪を割って
竈（かまど）で
ご飯炊き

動物とのふれあい
川遊び、将棋…

昔ながらの
遊びとくらし

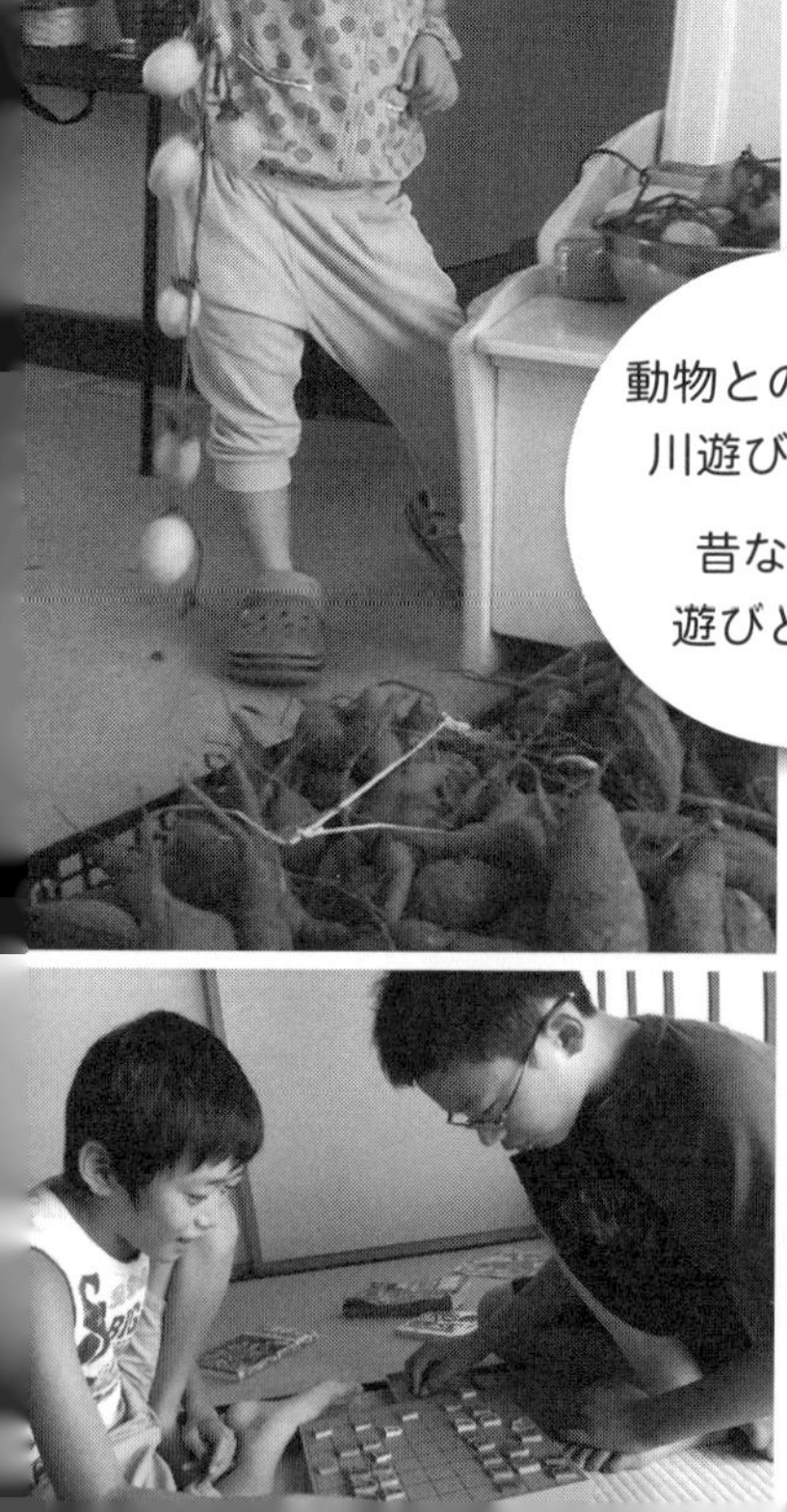

古民家の
土間で
お餅つき

畑しごと

耕運機も
上手に
使えます

古民家ゆめの森こども園は、すべて天然素材で古民家風に建てられている。化学物質過敏症の子どもたちも安心して通って来ることが出来る。

輝きを取り戻す〝発達障がい〟と呼ばれる子どもたち　◎　もくじ

第2章　学校が子どもの居場所であるために
―小学校校長との座談会より―　165

第3章　ゆめの森こども園の取り組み
―これまでにいただいた質問への具体的回答―　191

序章

輝きを取り戻す子どもたち

―ゆめの森こども園開設―

夢を描いて――ボランティアルームから出発

8年前、私は導かれるように25年間の保育士時代にピリオドを打ちました。

当初は、「出雲大社の出来るだけ近くで、昔ながらの自然な衣食住の環境のもとで、心の通い合うスタッフ集団と共に子どもたちの心と体を健やかにのびのび育てる保育園をつくりたい」。そんな思いで、青写真を描いていました。

しかし、その計画が現実味を帯び、具体的に補助金申請の手続きに入らなければならなくなった時、東日本大震災の爪痕《つめあと》を報道する番組を目にして「今、私の夢のために国のお金を使ってはいけない。一日も早く、大きな震災で苦しみのどん底にいる方々が救われなければ」と感じ、この計画を立てられただけで十分幸せだったと気持ちを切り替え、お蔵入りさせることにしました。

次の仕事が見つかるまでと思い、自宅の離れで「お母さんの笑顔が増えるボランティアルーム」を開くことにしました。保育士時代に買い溜めていたお気に入りの絵本や、木製などの心に優しい玩具《おもちゃ》を置いたプレイルームに親子で遊びに来てもらい、子どもたちと遊びながら、お母さんたちの悩みを聞いたり、経験からのアドバイスをしたりしていました。

「こんな時はこんな言葉をかけたらいいんですね」「なんだか気持ちが楽になりました」お母さんたちはそう言って、とてもいい笑顔で帰って行かれ、しばらくメールなどでやり取りするうちに「子育てが楽しくなってきました」と、ボランティアルームからも卒業していかれました。

止まらない暴言や乱暴……この子たちに何が起きているのか？

そんな折、市内の療育支援事業所からお声をかけていただき、療育アドバイザーとしてお手伝いに入ることになりました。療育アドバイザーと言っても当時私に特別な知識があったわけではありません。感覚過敏からの暴言や乱暴が止まらず、頻発《ひんぱつ》する集団の中でのトラブルのために、学童を断られ、学校にも行きにくくなる子どもたちが親に連れられて毎日のように入所を希望してやってくる現状に、いったい何が起きているのか分からず、「とにかく」から学ばなければ」と思いました。

療育が進んでいると噂に聞いた岡山県赤磐市の研修をはじめ、あちこちの研修に出掛けてみました。しかし、どの研修でも大変な現場の実態は語られるものの、原因は?となると「今は遺伝要因が強いとしか言えません。なので改善の見込みはありません」というのが定番で、教わるのはルールや指示、順番等を書いた貼紙や絵カード等での視覚支援、パニックになった時は小部屋に入れる、集中させるために視界を遮る工夫をする等の対処法だけでした。これだけでは子どもはその場その場を過ごすだけで、将来の自立にはつながりにくいなと感じました。

研修に出れば出るほど愕然《がくぜん》とする状況の中、焦る気持ちでネット検索をしていた時、「発達障がいは必ず改善する」と掲げた東京でのセミナー案内が目に飛び込んできました。どこに行っても改善しないと言われる中、はっきりと「改善する」と打ち出しているセミナーにとにかく行ってみようと思い、参加しました。素晴らしいメソッドでしたが、費用が高く、子育て世代の収入では広げるのは難しいと感じました。

しかし、そのセミナーの中で、神経（感覚）過敏を起こしている脳に対し、栄養面からアプローチをかけることで、神経伝達がスムーズになり、それによって情緒の不安やイライラが軽減し、苦しい症状が治まるという分子栄養学、細胞生理学の観点からのお話があり、ここにすべてが腑に落ちる感覚を覚えました。

「アレルギーなら食で改善する！」

というのも、出雲で最後に勤めた保育園のオーガニックを心がけた給食によって、子どもたち（特に乳児期）のアトピーやぜんそくが軽くなり、徐々にクスリ*が必要なくなる様子を見ていたので、「アレルギーは自然な食で改善する」と実感していたからです。

そこに専門家が「発達障がいは脳内のアレルギーが原因」と話されているのを聞いて「アレルギーなら食で改善する！」と直感で思いました。そして、その数日後、ふらりと立ち寄った書店で吸い寄せられるように手に取ったのが、小若順一さん、国光美佳さんの著書『食べなきゃ、危険！』でした。

不思議なことに、普段本を読まない私が、夢中になって読みきり、その感動を東京のセミナーでお世話になった管理栄養士の小町《おまち》みち子さんに報告したところ「2週間前に国光美佳さんが月刊誌の取材に来られてお話ししたばかり。よかったらご紹介しますよ!」と言ってくださり、すぐに美佳先生につながりました。

お電話でお話ししてすぐ意気投合。

「ゆめの森の子どもたちをモニターとして、変化を見ていきましょう!」と言ってくださり、ぜひ取り組みたいというお母さん方に次々とつなぎました。2週間分の食材を送り、メールやファックスの丁寧なやり取りで、子どもたちの様子を聴き取りながら、お母さんの苦悩でいっぱいだった気持ちも汲み取り、励ましながら、子どもが変化していく様子を記録に残してくださった美佳先生には感謝の念にたえません。

こうして、小町みち子先生、国光美佳先生と連携しながらの取り組みが始まりました。

お母さん方と力を合わせ、美佳先生によるモニターを開始し、詳しい栄養素の働きなど、分からないことがあれば、小町みち子先生に連絡しました。

「子どもの気になる行動が、食で変わる」

この事を何とか広く伝えたくて、お二人に何度も出雲、松江に来ていただき、講演していただきました。

食の取り組みで、子どもが変わる！

活動を広げる中、心のどこかで（クスリと違い、食での改善を目指すのだから、半年、一年は大きな変化は見られなくても、それは覚悟していなければ）と自分に言い聞かせていました。

ところが、その覚悟は全く不要だったのです。パニックの強い小学1年生の男の子が、食の見直しから3日目に放課後等デイサービスで、ここは間違いなくパニック！と思われる場面で、ただプイッと拗《す》ねて隣の部屋に行っただけだったのです。思わず目を疑いましたが、それだけでは終わりませんでした。会話がおうむ返しで、自閉傾向の強い保育園の年長の男の子が、お母さんとの食の見直しが3ヵ月ほど経った頃、庭先に咲いている花を見て、一緒にいたスタッフに「ねぇ、お花好き?」と尋ねたと言うのです。

その報告を聞いた瞬間、鳥肌が立ちました。

そして、その出来事は、私の中での大きな自信と確信に変わりました。


そんな食への取り組みは、決して難しいものではなく、それは、農薬や除草剤、化学肥料、添加物といった化学的なものが一切なかった時代の自然な食、日本人が自然と共に生きながら、日々感謝して口にしていた「和食」に近づけ、戻していくことでした。

「腸は脳」と言われるほど、腸を整えることが大切だと分かり、出来るだけ農薬を使っていない胚芽米、雑穀を(中でも大麦の効果が分かり)取り入れました。

そして『食べなきゃ、危険!』から学んだ、情緒の安定につながるミネラル、酵素の補給をしていきました。

地元の自然栽培農家さんの野菜や、あご*(トビウオ)出汁《だし》、近海の海藻や小魚、添加物を使わず熟成させたお味噌などを使い、動物性タンパク質は、飼料や飲み水にもこだわった平飼いの鶏の卵やお肉から摂るよう心掛けました。

「これで救える！」

神経や感覚の過敏に苦しみ、衝動的な言動が止まらず、親や先生から厳しくされ、ますます心の行き場を失って荒れてしまう子どもたちを食で救えるなら、時間は掛かっても、しっかりじっくり伝えていこう！

向精神薬の怖さを知る

そう心に決め、さらに進み始めた頃、三重県桑名市の講演会で、向精神薬の実態を伝えておられた小倉謙先生に出会い、クスリの怖さを思い知らされました。それまでは、子どもたちの服薬に対してあまり意識することなく、ただ食事に力を入れていましたが、小倉先生のお話を聴いて、背筋が凍りつきました。「このままではいけない。とにかく急がなければ!!」と、そこからは一気で、美佳先生と共にモニターで見てきた子どもたちの嬉しい改善事例を持って、全国に伝えて回るようになりました。

向精神薬は、臨床による明らかな見解がなく、何年も飲み続ける先に何が起きるか、専門家でさえ分からないというものです。副作用の中に「死亡」があったり、驚いたことに「基礎疾患の悪化」という文字もあり愕然としました。そして何より「自殺念慮《ねんりょ》、自殺企図《きと》」と記されていたことがショックでした。それは、当時リストカットが止まらず、私が必死に寄り添い支援していた高校生がいたのですが、月を追うごとに状態が悪くなり、リストカットは命の危険を及ぼすものにまで至り、とうとう私の手を離れ、入退院を繰り返して縁が切れてしまったからです。その子がまさに、長期にわたり多量の向精神薬を飲んでいたのです。

もっと早く向精神薬の裏側を知っていたら、きっと食で救えていたのに……。

今でも残念です。子どもが落ち着かないことは病気ではないのに、クスリはその落ち着かない行動で困る大人のために飲ませているように思えてなりません。暴言や暴力に対しても、その子の苦しい胸の内側に目を向け、「苦しいね、辛いね、大丈夫だよ、一緒にがんばろう」そう寄り添える大人が周りにたくさんいれば、子どもたちは安心と安らぎの中で、必ず徐々に落ち着いていくのです。

その後、ゆめの森には、学校に行けなくなる子、学校で暴れてトラブルを起こしたり、飛び出したりして病院を受診し、「発達障がい」の診断を受けてやってくる子が増えましたが、その多くの子が向精神薬を飲んでいました。しかし現在は、ゆめの森に通う40名の子どもたちのうち、一人も向精神薬は飲んでいません。しっかり飲んでいた向精神薬をやめていくことは医療との連携も必要で、そう簡単なことではありませんでしたが、そこには「食」「自然」「人」の素晴らしい力があったのです。

「発達障がい」と呼ばれる子を、一人たりとも不幸にしないために

本書は、ゆめの森に通所して輝きを取り戻していった子どもたちの実例集です。第1章では、ゆめの森に通所してお子さんが回復していかれたお母さんたちの手記をもとに、私たちがどのように関わっていったかを克明に記しました。

第2章では、ゆめの森と連携を取ってくださった小学校の校長先生との座談で、学校現場が子どもたちのことをどのように捉え、どのように変わっていったかを伝えています。

どちらも、今苦しんでいる子どもや親御さん、どのように関わればいいか壁にぶつかっている療育支援者の助けになればと願って、たくさんの方にご協力いただきました。

第3章では、私が講演会などで各地を回った時によく聞かれる質問をいくつかあげ、できるだけ具体的にお答えしました。


発達障がいと診断される、感覚過敏に苦しむ子どもたち。他人の視線が気になり、人の声や物音を過敏に捉えてしまうため、集団が苦手。独自の世界を強く持っているため、興味のあること以外はすぐに頭から抜けてしまう。そのために、注意されることや忘れ物が増え、その度に指摘され、自信を失い、やがて人との関わりから遠ざかっていく。しかしその一方で、環境次第では、研ぎ澄まされた感性を持つ子は、絵画、音楽、文芸、工芸など、様々な分野での天才的な才能を発揮していきます。

今、こうした子どもたち（発達障がいと呼ばれる子どもたち）が何の原因解明もなされないまま、ものすごい勢いで増え続けています。ゆめの森で関わる子どもたちを見ていていつも思うことは、「この子たちは間違いなく、世直しのため、そして世界、地球をも救うために、自らの身を削り、意を決して天から降りてきた子たちなのだ」ということです。

私たちは、この子たちを一人たりとも不幸にしてはいけないのです。

私たち人類のため、地球のために、苦しみを覚悟で生まれてきた子どもたち。この子たちの魂の声がいつも私の中に響いています。

「もうお終《しま》いにしよう！　無駄にしていい生命《いのち》なんてない。神様は必要なものしかつくられなかったんだ。すべての生命を生かし合える世界がきっと創れるはず。だから早く気づいて！　僕たちがそのために、この世界の先頭を行くから。どんな茨《いばら》の道も耐えていくと決めてきたから。すべてが幸せな世界、幸せな地球のために」

この声に応えていきたい……その一心でここまで来ました。

この本が、この崇高《すうこう》な魂たちの力になれることを心から願っています。

＊クスリ……「薬」とは本来、その漢字が表わすように野菜や海藻（草冠）、木の実を楽しく食べて身体を治すもの（小児科医・真弓定夫先生の教え）と思っています。その意味で自然

界のもので、心身を癒し、治すものを「薬」と考え、心身への副作用を伴う化学的なものとは使い分けたく、本書では病院での処方薬を「クスリ」と表記させていただきました。

＊あご（トビウオ）……出汁に使われる魚は稚魚や幼魚であること多く、その捕獲が行き過ぎると海産資源の枯渇を招きます。そういったことを私たち消費者も知り、意識していくことが資源を守っていくことになると思います。稚魚から成魚を大切に育て、それを感謝とともにいただく。そうした自然との共存を心掛けることが急務だと思っています。

向精神薬の減薬・断薬について

お子さんが飲んでいる向精神薬の減薬・断薬は、医師に相談の上、必要な栄養をしっかり摂るなど生活と環境を整えて慎重に行なっていく必要があります。準備なく安易な減薬・断薬はなさらないようにお願いいたします。

著者

第1章

〝発達障がい〟から回復する子どもたち

―お母さんが語る、取り組みと変化の実例―

■実例1

化学物質の怖さを教えてくれたアキラくん

アキラくん

3歳で広汎性発達障がいの疑いありと診断され、6歳から向精神薬を飲み始める。身体の成長が止まるなど不安を感じ断薬。そのため医療から見放されるが、ゆめの森とつながり食と生活の改善で回復。

〈アキラくんのお母さん〉

長男のアキラが3歳の時、未就園児の体験教室で園長先生に、「普通じゃないよ、この子は。どこかに相談してみたら」と言われたのです。「普通じゃないよ」と言われても、子育てが初めての私にとっては、長男は普通でした。ただ確かに多動で、座ってじっとしていることが出来なくて、他の子がみんな静かにしていても一人動き回るような子でした。

病院に連れて行くと、「発達障がいの疑いあり」と言われ、6歳になったらクスリが飲めるからと言われて、6歳から向精神薬コンサータを飲み始めました。

コンサータは飲んでしばらくすると効いてきて学校でも落ち着いているし、勉強もよく出来るし先生は何も言うことがない、という感じでした。その時はクスリを飲んで良かったなと思いました。それで結局1ヵ月間ずっとクスリを飲み続けました。

ところがコンサータを飲むと大人しくはなるのですが、しだいにチックが出るようになり、また食べられなくなって、がりがりに痩《や》せてしまいました。長男はとても明るく陽気な性格だったのですが、まるで人形のように別人になってしまいました。

体重は増えないし身長も伸びない。その頃の学期ごとの身体測定グラフを見たら横ばいです。

このまま本当にクスリを飲み続けてもいいのか不安になり、クリニックに相談すると、「コンサータをやめてストラテラにしましょう」とクスリを変えることになりました。

でも、当時アキラが通っていた事業所でアキラの様子を書きとめてもらっていたのですが、それを読むと、そのストラテラを飲んでいる時と飲んでいない時のアキラの様子が全く変わっていない。そこでクリニックに「効いていないのでクスリをやめたい」と相談したのですが、「クスリを飲まないのだったら、これ以上してあげることはないので、来ないでください」と言われてしまいました。「相談だけでも続けたい」とお願いしたのですが、「他を紹介するからそっちに行ってください」と。

ですからそれっきりそのクリニックには行かなくなり、クスリもやめました。でももう頼れるところがなく途方に暮れました。とにかく「この子を救うために親である私ががんばらないと」と思っていたところに、ゆめの森の前島先生につながることが出来たのです。

向精神薬の副作用で体重が増えない

アキラくんのお母さんは、当時専業主婦で、アキラくんの様子を詳しく書きとめていらっしゃいました。当時（２０１１年頃）、幼児には６歳からしかクスリは出せなかったのですが、今は、１歳から出ているようです。アキラくんはお母さんが言われるようにクスリを飲むと無表情になりましたが、そのことよりも落ち着いて勉強に取り組めるので、学校の先生方は「子どものためにはそれが大事」と思ってしまわれることが多く、またそういう落ち着いた状態だと、その子をほめることが出来るので、その子の自信につながり、「自己肯定感が出来ていい、だからクスリは飲んだほうがいい」となってしまっているようです。

しかし、実際はクスリの副作用で食欲も体重も減ってチックまで出ているような状況でした。お母さんは当時は医療に頼るしかないと思っておられたので、クスリはやめたいけれどクリニックの先生にはずっと相談に乗ってほしかったと涙ぐんでおられました。

食事内容を変えることで、過敏性がなくなる

当時私は市内にある放課後等デイサービスのお手伝いをさせていただいていたのですが、アキラくんはゆめの森に来る前にここに通っていました。アキラくんはじっと座っていることが出来なくて、子どもたちが集まっていると次々と他の子どもたちを押し倒すような状態で、目が離せませんでした。スタッフも怪我がないように見守らないといけないため、対応に余裕がなく見え、「私に担当させてもらえませんか？」とお願いしました。アキラくん専属にさせていただいたことで、発達障がいと診断される子の特性についての学びが深まり、そこからクスリに頼らずに食の見直しで改善出来る道があることが分かり、ゆめの森の立ち上げへとつながっていきました。

甘いものが大好きなアキラくんは、放課後等デイサービスの台所に調味料が置いてあると、もう我慢出来ずにお砂糖の容器に手を突っこみ砂糖をわしづかみにして口に入れ

ようとするほどでした。精製糖は一気に血糖値を上げるためか、すぐに落ち着く。今にして思えばまるで中毒のような感じだったかも知れません。

お母さんも、アキラくんが暴れる時は、チューイングキャンディーなどの甘いお菓子を渡すと静かになるので、まるまる一本渡して、それで30分とか1時間静かに出来る、というような状態もあったそうです。

アキラくんとお母さんに出会った時には、すでに『食べなきゃ、危険!』の著者 国光美佳先生とも連携していたので、食の見直し（ミネラル補給）とその効果についてお母さんにお話をしました。

当時は、お母さんも食のことはあまり気にしておられず、アキラくんは、思い通りにならないとパニックになるので、どうしても好きなものばかりを食べさせていたということでした。また家族みんなで夜9時になるとスナック菓子でパーティタイムを開いていると聞いて、まずはそこからかなと思ったのです。

アキラくんは常に戸棚に買い置きしたお菓子があるのを知っていて、食べたくなるとそれを「出して!」となる。だからその棚のお菓子を全部移動してもらうように伝えました。そして、アキラくんが「ほしい、ほしい」とさわいだら、その戸棚を開けて見せて「今日は買いに行けなかったからまた今度ね」となだめることに。そうしていくうちに、ほしがらなくなっていきました。そして、甘いものがほしい時はサツマイモをふかしてもらい食べるようになったのです。サツマイモの持つブドウ糖は舌下吸収で直接脳に上がるため、すぐに効果が出るのをアキラくん自身が感じたようで、自ら「サツマイモちょうだい」と言うまでになりました。

その後、アキラくんの食事も少しずつ変わっていき、普段の食事は手づくりされていましたが、休日に出掛けた時の食事はお店ではおとなしく食べられなかったので、車中で食べられるコンビニ弁当やファーストフードのハンバーガーだったり、朝ごはんも食パン一枚だったりしていたのを、お母さんががんばって天然だしを取りミネラル豊富なお味噌汁や雑穀、魚中心の食事に切り替えていかれました。

それまでアキラくんは触覚が過敏で熱い食べ物を一切受け付けられず、ちょっと熱い味噌汁などを出されると怒って暴れることがあったのですが、食事を変える中で、ある日、ゆめの森で間違って他の子のお味噌汁をアキラくんに出してしまった時に（いつもはアキラくんの分は特別に冷ましていました）、スタッフが慌てて取り替えに行ったら、上手に食べていて驚きました。

たった一回のファーストフードで逆戻り

そんなふうに落ち着いていった頃、学校の社会科見学の遠足で「お弁当はいりません。お昼はハンバーガーショップで食べます」ということになったのです。ずっとそういった添加物の入った食べ物を控えてきたアキラくんがやっと落ち着いてきたところだったので、お母さんとしては食べさせたくない。しかし学校の行事で本人もとても楽しみにしていたので休ませるわけにもいかず、「久しぶりの一食だから、その後またがんばればいいか」ということで、遠足に行かせました。ところが、とんでもないことに、ファーストフードのハンバーガーを食べたその日の夕方から、アキラくんの状態が以前の状態に戻ってしまったのです。治まっていた多動と衝動性が戻り、飛んだり、跳ねたりが始まったのです。

当時のお母さんのメモを見ると
「イライラして、キーっと高い声を出し、歯を食いしばって必死に我慢している様子」とあります。その頃には、アキラくんも暴れたりすることはいけないことだと分かっていたので必死にこらえていたのでしょう。アキラくんは自分でもどうしようもなくて、お母さんが怒ると「やりたくないのにこの手が勝手に動くんだ！」と涙ぐんで暴れていたと言います。

そんな状態が3〜4日も続いた頃、ちょうど毎月通っていたリハビリ病院の作業療法の日になり、そこで思いっきり身体を動かし全身に汗をびっしょりかいたことで落ち着きました。

分解されない有害な物質は排尿、排便では体外に出にくく、唯一毛穴から出すことが出来ると専門家に学んでいましたので、アキラくんの状況はまさにこのことと一致したと思っています。

向精神薬から食へ――伝える難しさ

当時の私は食の専門家の方とはつながっていましたが、向精神薬の専門家とは出会っていなかったため、クスリの怖さはよく分かっていませんでした。アキラくんはクスリを飲むと大人しくなるけれど、体重は一向に増えないしチックも出る。そんなクスリを飲ませ続けていていいのかなとずっと疑問に思っていたのです。

よくよく考えれば子どもに向精神薬なんてあり得ないと思いますが、私も当時は医師が出すクスリに疑いを持つなど考えも及びませんでした。それほど今は社会の常識として「医療は絶対」と刷り込まれてきたのだと思います。しかし、学んでみると実際は、症状を一時的に抑えるものの、食欲や意欲を奪い、飲み続けると依存が強まりやめられなくなる。そしてやめると離脱症状に悩まされる。自死などの怖い副作用があるにもかかわらず、向精神薬は徐々に体になじんでしまうため、クスリの量が増えたり、強い種類のものになったりしてしまいます。

クスリは飲めば、表面的に大人しくなり落ち着いたように見えるため、向精神薬について学ぶ機会のない学校の先生方の多くは「必要な時は使ったほうが良い」と言われます。

そこで当時は支援会議（支援を必要とする児童のために関係者が情報を共有するための会議）などで「クスリに頼るより食を見直すことで改善に向かいます」と伝えていたのですが、そのことで「医師が出すクスリに異論を唱え、食で改善させようとしている危険な事業所」として見られてしまうことが分かったため、以後は支援会議のような場では話さないようにしました。

減薬、断薬にシフトする時は、保護者から担当医に相談してもらい、「学校に行かない日は、飲まなくて良い」という許可をもらって、夏休みなどの長期休暇に、ゆめの森の食事で雑穀等で腸を整え、ミネラルや酵素が豊富な食事を摂ることで減薬、断薬を進めていきました。

子どもの中に育つ豊かな想像力

強い感覚過敏の苦しみから、暴言、暴力が止まらなかったアキラくんついては、心温まる忘れられないエピソードがいくつかあります。

衝動性が強いアキラくんは、車に乗せるとクラクションを鳴らしたい！という衝動に駆られ、一瞬の隙にクラクションを鳴らしてしまいます。危険なので助手席には乗せられなかったのですが、ある時、「クラクションを鳴らさないと約束するから、助手席に乗せてほしい」と懇願するので「分かったよ、信じるね」と言って乗せました。

車が大好きなアキラくんに「アキちゃんが免許を取って車を運転する頃には、前島さんはすっかりおばあちゃんになっていると思うから、その時はアキちゃんの車でいろんな所に連れて行ってね」と言うと、アキラくんは涼しい顔で「その時は（空を指差し）あっちに行ってるでしょ」と言うので「そうだねー、その時は諦めるね」と答えると、少し考えて「でも大丈夫！　死んだら焼くでしょ？　焼いたら、骨を一本ココ（助手席を指差して）に置いておけば、どこでも連れて行けるよ」と言ってくれたのです。思わず笑って「分骨!?」と口走りましたが、その気持ちが嬉しくて、逆に癒され、こんなアキラくんのような子たちを心から守りたいと思いました。

もう一つは、アキラくんと出会ったばかりの東日本大震災の年の夏のことでした。夕立の後に出来た大きな水溜りにアキラくんはホースを入れ、勢いよく水を流し、さらに手でグルグル掻き混ぜながら渦を起こしていたのですが、そのうちに大震災直後のニュースの情景がフラッシュバックしたのでしょう、突然「火事だ、火事だ!! 海が火事ダァ!! 人がいる! あそこに人がいる! 消防車、消防車!! 早く助けるんだ!!」と必死に叫び始めたのです。私は自分の世界に入り込んでいるアキラくんの隣にしゃがんで、「早く早く!!」と一緒に叫びました。そして「アキちゃん、大人になったら消防士さんになる?」と尋ねると、「ならんよ」と返事がすぐに返ってきてビックリ! 自分の世界が強い時は、普通、質問しても返事が返ってくることはまずないからです。そこで続けて「なんで?」と聞きました。すると感動の言葉が返ってきたのです。

「オレは、死んだ人もみんな生き返らせる!（だから消防士にはならん)」と。

思わず「それじゃあ神様じゃん!!」と言いながら、感動で目が潤みました。こんな優しい心を持ち、心に届いた質問にはちゃんと答えてくれる。決して「自閉症＝障がい」などと呼んではいけないと思っています。

確かにアキラくんのような発達障がいと呼ばれる子どもたちには、独特な妄想の世界を持つ子が多くいます。しかし、それは障がいなどではなく、むしろ無限の想像力を持つ証であって、この子たちがパソコン操作を学べば、続々と直木賞作家が生まれるのではないかといつも感じています。

今、アキラくんは中学生ですが、向精神薬は小学2年生でやめて以来、全く飲んでいません。本当に落ち着きましたし、学校で行なう支援会議でも「自分の世界は持っていますが、本当にいい子です」と先生方が口を揃えて言われます。

アキラくんは、人が見過ごすような細部に気づいたり、機械を分解して中の構造を長い時間ずっと見ていたり、またそれを組み立てたりするのが得意で大好きです。なので将来は、そうした仕事に就けると良いなと思っています。子どもたちの好きなこと、得意なことを伸ばしてそれを仕事にする道へ導く。学校教育は、そこを目指してほしいと思っています。

■実例2
お母さんとの絆の回復で自信を取り戻す

シュンくん

お母さんがシングルマザーで夜間に働く。小2で多動を指摘されたことをきっかけに向精神薬を飲み始める。ゆめの森とつながりお母さんの夜間の仕事と、親子間の関係回復のためにお母さんがゆめの森に勤務。心が満たされ、行動が変わる。

〈シュンくんのお母さん〉

私はシングルマザーで子ども二人を育てているのですが、下の子が待機児童の問題で保育園に全く入れないことから夜働くしかなくなり、下の子を夜間保育に夜の

8時から預けて夜中までみてもらっていました。上のシュンは当時小学3年生だったのですが、夜8時から下の子を夜間保育園で引き取って帰る夜中の1時まで、家に一人でいるという状況でした。最初の頃は夜間保育園にシュンも預かってもらっていたのですが、シュンが「いやだ、家にいたい」と言うので、一人で待たせるようになりました。だいたい私が帰るとシュンは寝ていました。

シュンは、3歳児検診の時に二語文が出ない、多動などを指摘されていて、小学校入学前には注意欠陥多動性障がい（ADHD）、ディスレクシア（発達性読み書き障がい）と診断されていました。多動があることから学校に受診をすすめられたのがきっかけで、2年生くらいからクスリを飲むようになりました。1年間くらいコンサータを飲んでいました。でもシュンはクスリが大嫌いで、無理やり飲ませると吐き出していました。そこでコンサータと同色のプリンに忍ばせて飲ませたりもしていましたが、それでも飲めないので、ストラテラの液体に替えて注射器みたいなもので朝飲ませるようにしていました。

学校から「必ずクスリを飲ませて来てください」と言われていたので飲ませるようにはしていましたが、学校からお昼に「クスリを飲んでおられないようですね。お母さん、昼休みに学校に来れませんか」と先生から電話がかかってくることもありました。クスリが嫌いなシュンが、飲んでも吐き出していたので、おそらくクスリがまともに入っていなかったのでしょう。そういう時は学校に迷惑をかけていたようです。シュンが3年生になった頃、支援学級の担任の先生から「良いところがあるよ」と紹介され、つながったのが、ゆめの森でした。シュンも喜んで通うようになり安心しましたが、私自身は仕事のことで悩んでいました。

そんなある日、代表の前島さんが、送迎でシュンを自宅に送ってくださった時に、いろいろ話を聞いてくださり「このままの生活ではダメだから、何とか昼間の仕事を探そう!」と背中を押してくださったので、本気で仕事を探すことにしました。

ハローワークの技術講座でパソコンを学び、昼間のパートに出たりもしました。でもなかなか上手くいかず、どうしようかと思っていたところに前島さんから「ゆめの森で働いてみない?」と声をかけていただきました。

最初は不安しかなく迷いましたが、少しでもシュンの事を理解出来ればと思い、働かせていただくことにしました。前島さんは、息子シュンを可愛く思えない、接し方が分からないと言う私のために、普通はあり得ないと思いますが、スタッフでありながら、息子としっかり2人で過ごす時間をつくってくださいました。他のスタッフの皆さんも私たち親子を温かく見守ってくださり、ゆめの森で仕事として、息子と向き合って過ごす時間をもらいました。

息子も嬉しかったのか「何でここにおるー?」と言いながらも私の側から離れず、ずっとくっついていました。そうする中で次第に、今まで可愛いと思えなかった息子に可愛いという気持ちが芽生えてきたのです。

今では中学生になった息子ですが、本当に可愛くて可愛くて仕方がありません。そして、とても頼りになる息子に育っています。ゆめの森で変われた私と息子のように、今苦しんでいるご家族が少しでも幸せになるように、ゆめの森のような施設が全国に増えると良いなと思っています。

ゆめの森のスタッフとして働かせていただいてもうすぐ3年になります。今まで仕事が続かず転職を繰り返してきましたが、ここまで長く働くことが出来たのも初めてで、これも私と息子の事を考えてくださった前島さんと優しいスタッフのお陰です。感謝しかありません。

今は全国を駆け回る前島さんが不在で大変な時もありますが、全国の子どもたちのためにがんばっている前島さんのためにも、ゆめの森を支えていければと思っています。それが私と息子を救ってくださった恩返しだと思っています。

親子関係の再構築　お母さんと子どもが安心して過ごす時間をつくる

シュンくんがゆめの森に来たのは、小学校3年生の時でした。お母さんが話されたように、お母さんが夜仕事に行って帰ってくる8時から夜中の1時までの間、一人で家にいたわけです。寂しくないはずはありません。でもその時、お母さんはなぜか弟は可愛いのに、弟をいじめるシュンくんは可愛いとは思えず、愛着が持てなかったのです。そんな時に出会ったシュンくんの表情はとても暗く、ほとんど大人とは話さず、甘える感じもなく、小3なのにどこか大人びて自立してしまっている感じがあり、心配でした。

お母さんにお家の様子を聞いて状況が分かり、納得。「お母さんも大変だし、シュンくんも心配だから何とかしないとね」と話をしました。ちょうどスタッフを募集しようとしていた時で、お母さんにゆめの森に来ませんかと声をかけたのです。

シュンくんは当時よく弟をいじめていたのですが、それは弟がお母さんをいつも独占していて、お母さんをとられていることへのやきもちからだろうと感じました。それを口に出して言えない。それにお母さんは気づけず「弟をいじめるなんて、なんてかわいそうなことするの！」と苛立《いらだ》ち、シュンくんを可愛いと思えなくなっていたのです。

ですからお母さんをスタッフとして誘ったのは、お母さんとシュンくんの親子関係を再構築したいという思いがありました。ゆめの森に通う子どものお母さんがスタッフになるケースは珍しくないのですが、その際、普通はわが子に対応することは出来るだけないようにしています。しかしシュンくんとお母さんは違いました。当時スタッフにも最初から「シュンくんのお母さんにはスタッフとしては来てもらうけれど、シュンくんとの親子関係を取り戻すためでもあるので、しばらくは温かく見守ってあげてね」とお願いしました。

シュンくんは最初の頃は、「お母さんが何でここにおるの？」と言っていましたが、そのうち職場で働くお母さんにベタベタくっついて歩くようになったのです。スタッフたちにも「これこれ！ これが大事なんだよ」と言って、みんなも温かく見守ってくれたので、シュンくんはずーっと安心してお母さんにくっついているようになりました。

お母さんも、さすがに大丈夫かなと不安になったようですが、「これで十分満足したら、必ず離れて遊び出すから、焦らずしっかり関わってあげてね」と言っていました。2～3ヵ月くらいだったでしょうか。見事にちゃんと離れて過ごすようになり、みんなで喜びました。

愛情たっぷりの関わりで変わる、子どもの心

それまでのシュンくんは学校の先生から「今日は巣から落ちたスズメをいたぶっていました」と、生きものをいじめる姿があって、先生たちも心配していたのです。

ゆめの森に来てからも、飼っているウサギをじーっと見ながら、「あのウサギを殺していい？」とよく聞いていました。真顔で聞いてくるシュンくんを「い〜いわけないがね〜」と言いながらいつも抱きしめて、笑いに変えていました。笑いながら「シュンも痛いことをされたら嫌でしょう、何てことを言うかいね〜」と抱きしめると、ふっと笑ってシュンくんの心がほぐれていくのが分かりました。

そのうち、そのやりとりを楽しんで、わざと言うようになったので、「あ──、また言ったなあ！　どの口だぁ〜！」と笑って追いかけたりしているうちに、シュンくんは私にくっついてくるようになりました。それまで人の側に行くということがあまりなかった

ので、その変化を嬉しく思っているうちに、ウサギを見ても「殺していい？」と言わなくなり、お母さんがゆめの森に仕事に来るようになってからは、誰よりも動物を可愛がるようになりました。

あんなに「動物をみんな殺したい！」と言っていた子が、大人との信頼関係から本来の優しい姿に変わっていったのです。

今ではお母さんは「シュンがもう、可愛くて可愛くて。こんなにこの子が愛《いと》しいと思えるようになったことが嬉しい」と。その言葉を聞いた時、本当に良かった、もう大丈夫だと。今はふざけながらも弟の面倒を見て、それがお母さんを助けることだと分かり、本当にいいお兄さんになりました。

今シュンくんは中学生ですが、魚釣りが大好きなこともあり漁師になりたいという夢を持っています。高校も水産高校に行きたい！と目標も出来、部活もしっかりがんばっています。

■ 実例3

学校の理解があるとすべてが前向きに進む

カナタくん

感覚過敏で小3の1学期から学校に行かれなくなる。向精神薬を服薬するがぜんそくの発作が出るため断薬。ゆめの森につながり、お母さんを巻き込んで食の改善に取り組む。学校の理解で少しずつ教室に戻るステップを踏み、無事小学校を卒業。

〈カナタくんのお母さん〉

カナタは1、2年までは普通に学校に通っていたのですが、3年の1学期の7月くらいから校長室通いになり、2学期からはクラスには全く上がることが出来なくなって、校長室かハートルームという部屋（支援のための空部屋）に通っていました。

実は、カナタの妹が「要支援」の判定を受けていて翌年4月からの就学と同時にどこか頼れる施設がないか行政に相談していました。その時に紹介されたゆめの森に入れたいと思い、面接で妹の入園が決まり、雑談の中で、学校に行きにくくなっていた兄のカナタの話になり、「お兄ちゃんのほうが先だね」となりました。その後すぐ手続きをしてカナタが先にゆめの森に来るようになったのです。

ゆめの森につながるまでのカナタには、家では「死にたい」と言うような状況がしょっちゅうあって、毎日学校へ行く時は車のシートベルトで首を絞めていました。包丁を持ち出して刃を自分に向けていたこともありました。そんな時は、「お母さんはカナタとずっと一緒にいたい」「そんなに辛いならお母さんと一緒に死ぬ?」と言葉をかけると、泣きながら包丁を手から離すので、すかさずカナタを抱きしめました。

カナタはクスリのことでもいろいろありました。カナタは元々ぜんそくがあり、ぜんそくのクスリを服薬していました。コンサータ18ミリを飲み始めると動悸《どうき》がすると言うようになり、病院に「子どもが動悸がすると言っています」と伝えたのですが、病院には「それはクスリとは関係がないから」と言われ、体重のチェックをして、体重は減っていないから大丈夫ということで、そのまま飲ませていました。そのうち効き目が弱くなり、コンサータを27ミリにした途端、ぜんそくの発作が毎日出るようになったのです。

それがきっかけでクスリもやめました。

カナタがクスリをやめた時は、学校は「分かりました」と承諾してくださいましたが、ハートルームでカナタを見てくださっていた先生に社会科見学に行くようにすすめられて参加した時に、その先生に向かってハサミを向け「お前が行けって言ったから、こんなに苦しいんだ」と訴えたことをキッカケに、主幹の先生から「本人も辛そうなのでクスリを飲ませてあげたらどうですか?」と言われました。

そのことを前島先生に相談すると、前島先生が主幹の先生に話をしてくださり、学校からもクスリを飲ませないことを承諾していただきました。

学校の先生方の理解は大きな力になる

カナタくんのお母さんが書いておられるように、クスリについての考えは、学校や先生個人で違ってきます。私が専門家から学んだクスリの副作用についてお話しすると、「知らなかった。でも、脳のクスリというだけで怖い気はしていました」と理解を示してくださる先生と、「医療従事者でない立場で勝手なことを言うのは良くない」と批判的な先生に分かれます。

カナタくんの学校のように先生が理解してくださると、学校全体が出来るだけクスリに頼らないという方向で連携を密にしていただけます。

偏食がなくなると、感覚過敏が軽減する

カナタくんがゆめの森に来るようになった最初の頃は、とにかく視覚がすごく過敏だったので、人の視線が怖くて、校庭に二~三人でも人がいたりすると、そこを通ることが出来ず、裏口の誰も通らない出入口を使っていました。人の気配がちょっとでもすると忍者のように物陰から物陰に隠れてハートルームに辿り着く感じで、本当に苦しそうでした。

こうした苦しい感覚過敏の裏側に、脳の神経伝達に必要なミネラルを中心とする栄養不足があると学んでいましたが、カナタくんも例外ではなく、まさに偏食でした。ゆめの森で出る放課後のおやつ、雑穀のおにぎりやお味噌汁も、当初は「こんなのいらない!」と毎日はねつけていました。お母さんがお料理が苦手だったこともあり、外食やお惣菜の夕食が多かった事で、心の安定に必要なミネラルもかなり不足していたと思います。「まずはそこからだね」とお母さんと話し、美佳先生にミネラル補給のモニターとしてつなぐと同時に、仕事のことでも悩んでいたお母さんに、ゆめの森の食事担当の補佐となってもらい、働きながら学んでもらうようにしました。

お母さんが、美佳先生のレシピや、ゆめの森でつくる食事を家庭でもつくれるようになってくると、自然にカナタくんが落ち着きを見せるようになりました。その様子を見て、そろそろだなと感じ、カナタくんと二人でじっくり話し、無理のない範囲で少しずつ学校に行ってみようということになりました。

どんな小さな目標も子どもに選ばせる

どの子もそうですが、次のステップに進む時は、ゆめの森に来た当初を一緒に思い出します。忘れてしまっていた苦しかった過去の自分の姿を思い出しながら、短い期間にどれだけいろんな力がついてきたかを具体的にはっきりと伝えます。それによりどの子も「やれば出来る！」そんな気持ちが戻ってくるのを表情から感じ取ることが出来るのです。その気持ちを生かし、無理のない提案をしていきます。

大事にしているのは、どんな小さな選択も自分でさせること。そのために、子どもが選べる具体的な選択肢を提案し、ゆっくり話しながらイメージ出来るようにしました。カナタくんはその中から「私と一緒に教室で毎日1時間だけ授業を受ける」というのを選びました。

他人の視線が刺さるように感じていた過敏性が、食事によって軽減していったことは大きく、教室の中までは入れなくても、入り口すぐの席にしてもらい、私がぴったり側についてサポートすることで、ノートをとったり、問題に向かったりすることが出来ました。

その1時間のがんばりをいっぱいほめることで自信が回復し、やがて私が側についていなくても授業が受けられるようになっていったのです。小学3年生では全く教室に上がれなかったカナタくんが、5年生では通常学級で1時間目から終礼まで過ごせるようになったのです。

家で気持ちのコントロールが利かなくなると包丁を持ち出し「もう死ぬわー」と言っていたカナタくんでしたが、学校の調べ学習では新潟県の中越沖地震を調べ、死者がたくさん出ていたことを知ると、「この地震でたくさんの人が被害にあわれて亡くなってしまったので、その人たちの分まで生き続けたいです」と感想を綴っていました。この感想を読んで、お母さんは涙が止まらなかったと言います。

今年の春、カナタくんは立派に小学校を卒業し、中学校に入学していきました。今はゆめの森も卒園し、大好きな卓球で放課後はクラブ活動も楽しんでいるようです。お母さんから、こんな嬉しいメッセージをいただいています。

「中学生になり、毎日自転車で朝から学校へ行き部活動までしています。1学期はスタミナが切れるようで、4日行ったら2日間休むような状況でしたが、2学期からは毎日通えています。また小学生の頃は友だちと休みの日に遊ぶなんて考えられませんでしたが、今では休みのたびに友だちと約束をして楽しんでいます。

建築士という将来の夢も出来、工業高校に行きたいと話をしています。今を生きることが辛かった昔の姿からは想像出来ない姿です」

クスリに頼っていたら、この結果は生まれなかったと確信しています。

■実例4
雑穀食がクスリの副作用を軽減　断薬を見事に乗り越えたユウキくん

ユウキくん

小1で学習障がい、注意欠陥多動性障がいと診断され、向精神薬を飲み始める。雑穀を食べていたことで副作用が軽減。ゆめの森とつながり、食事改善に取り組み断薬に成功。学校との連携で少しずつ学校に戻っていく。

〈ユウキくんのお母さん〉

ユウキが小学3年生の時、担任の先生と合わず、いつも反発してぶつかってしまい、「オレはここ（学校）には来たくない！」と不登校が始まりました。その時すでにゆめの森に通っていたカナタくんのお母さんとは元職場の同僚で、ママ友としてもつながっていたので、相談したらゆめの森を紹介されて通うようになりました。

ユウキは保育園の頃からすごくエネルギッシュな子でした。人よりも声が大きいし、動作も大きい。スポーツが得意なので駆け回る。

でも小学1年生の頃から学習面でついていけなくなって、ママ友に児童相談所でも検査が出来るという話を聞いたので連れて行き、絵を描く様子をみてもらった時に、落ち着きがなくバタバタするので、発達クリニックにつながりました。学習障がい（LD）と注意欠陥多動性障がい（ADHD）と診断され、クスリはコンサータからスタートし36ミリまで増えていきました。

クスリが増えてもあまり行動に変化はありませんでしたが、ご飯の量は減りました。いつもおかわりしていたのに、しなくなったのです。

さすがにコンサータが36ミリになった時は、私自身が昔、向精神薬を飲んでいて副作用があることも知っていたため、やはり子どもには飲ませたくないと悩んでいた時に前島さんに出会えたのです。

雑穀を食べる習慣がクスリの副作用を減らしていた

ユウキくんとは、お母さんがちょうど向精神薬の断薬を考えられていたタイミングで出会えて本当に良かったと思っています。向精神薬は長く飲むほど、減薬、断薬が大変になることと、その子の服薬をどうするかは、最終的に親御さんが決められることなので、その両面からも良いタイミングだったと思います。とは言え、クスリをやめていく過程では、落ち着きのなさや暴言、衝動的な行動が増えるため、そこは覚悟して受け入れなければなりません。

ユウキくんの場合、コンサータを1年以上服薬していたので、夏休みからスタートする断薬に向け、スタッフとも対応の仕方について話し合っていました。しかし、他の子と違って、多少のことはあっても大きな変化は見られなかったため、不思議に思い、お母さんに家庭での食事について尋ねたところ、お母さん自身が子どもの頃から食べてきたという雑穀を毎日ご飯に混ぜて炊き、ユウキくんにも食べさせておられました。

1年以上もの服薬中もほとんど便秘や下痢の症状がなく、ほぼ毎日快便だったと聞いて納得しました。

いろいろな研修でも「脳=腸」だと学び、腸を丈夫にするために雑穀はとても良いことは知っていましたが、ここまで効果をもたらすとは正直驚きました。ユウキくんを通じて、改めて腸の大切さを実感してからは、さらに腸内細菌を増やし、腸内環境を整えることに力を入れ、手づくりの酵素ジュースや、発酵、熟成させた食材を使うようにしています。

断薬スタート　「あなたを守りたい」と本気で叱る

雑穀によって、ユウキくんがクスリの影響を大きく受けていないことが分かり、夏休みでしっかり断薬出来ると思いました。どの子の減薬、断薬もそうですが、保護者を通じて医師に伺いを立ててもらうようにしています。その中で医師の回答は共通していて、

「学童期の服薬は学校で落ち着けるためのものなので、休みの日は保護者の判断に任せます」というものだったので、ユウキくんも夏休みをきっかけに断薬をスタートしました。

腸が整っていることで期待は持てたとは言え、やはり断薬による落ち着きのなさや衝動性は日を追って目につくようになりました。普段以上に短気を起こしやすくなり、カッとなるとパァーッと外に飛び出すことが増え、体当たりでの関わりが始まりました。

ゆめの森から歩道のない道路に飛び出し、どんどん歩いて行こうとするため、飛んで行って前に立ちはだかり、「これをやるなら前島さんがどんなにユウキを守りたいと思っても守ってあげられないから、もうゆめの森には来させられん！」と本気で叱りました。「もしも走ってきた車にはねられたら、ユウキの命は一瞬で終わるんだよ！　そんな悲しいことにだけは出来ない！　だから、ユウキがこれ（飛び出し）をやるなら、明日からもう絶対に来させられない!!」

それ以来、飛び出しかけても私が後ろから「ユウキ!!」と叫ぶと立ち止まり、しばらくじっとしてから中に戻るようになりました。そのあとは静かな部屋で二人で話し、「よく我慢したね。苦しい気持ちはよく分かるよ。でもそこを乗り越えることがユウキの大きな力になるから、こうやって一つひとつ乗り越えて行こうね。前島さんはユウキを必ず守る！　学校も無理はしなくていい。でも苦手を乗り越える力は、これからユウキが人生をしっかりと生きていく上で絶対に必要な力だから、出来るところを見つけて挑戦することは大事なことだと前島さんは思っている。分かる？」そう話すと頷《うなづ》いてくれました。

とは言え、断薬による苦しみはしばらく続き、何度もこうした葛藤《かっとう》を繰り返しましたが、やがて見事に落ち着いていったのです。もちろん、その陰には栄養たっぷりの食事があったことは言うまでもありません。元々、食欲旺盛なユウキくんは人一倍ゆめの森の食事を食べてくれたこと、そしてお母さんが家でもミネラル補給を一生懸命心掛けられたことが、ユウキくんの踏ん張りにつながったと思っています。

本物の愛情はちゃんと伝わる

やがてユウキくんは、食べることから食事をつくることにも興味が移っていきました。

そこでゆめの森でユウキくんのマイフライパンを買い、スタッフとちょっとした料理の練習をしたりしました。すると「オレ、将来、料理人になるわ」という言葉が飛び出すようになりました。それからはユウキくんの中に何か目に見えない自信が芽生えたようで、以前とは違い、しっかりと先を見据えたような目で毎日を過ごす姿が見られるようになりました。

今は「ゆめの森のスタッフになる!」と夢が変わっていますが、それでも「ねぇねぇ、お店ってどうやったら(経営)出来る?」とゆめの森に時々来られるカフェのオーナーに真剣に聞いたりしています。そして今では美味しいお弁当を家族につくったり、おばあちゃんに教わって魚を三枚に下ろせるまでになっています。

エネルギッシュで、納得出来ないことには正面から反発し、学校では先生にも平気で楯を突き飛び出していたユウキくんですが、気持ちを受け止めてもらった上で自分の将来のために本気で伝えてくれる事に対しては、一切の言い返しをしませんでした。

どんなに「大変だ」と大人が嘆くような子でも、本物の愛情はちゃんと伝わることをユウキくんとの関わりからも教わりました。

■実例5

ゆめの森と出合い お母さんと共に成長していったタカちゃん

タカちゃん

就学前に注意欠陥多動性障がいと診断される。普通学級で小学校生活をスタートするが、ほどなく特別支援学級に編入。友だち関係で苦しくなったことから向精神薬を服薬するが不登校に。ゆめの森に出合い、食事改善、断薬に取り組む。学校との信頼関係を結ぶことが出来、小学校を無事卒業。

〈タカちゃんのお母さん〉

我が子の個性に気がついたのは保育園の個人面談での指摘でした。それまで、変わった子、育てにくい子……そんな感覚でした。幸いにも通っていた保育園が無添加で自然な食材を使った給食でしたので、今思えば、そのために精神的にも穏やかに過ごせていたのだと思います。就学前に発達検査を受ける事になり、結果は「注意欠陥多動性障がい（ＡＤＨＤ）」の診断。正直その時は、目の前が真っ暗になりました。大きな不安を抱えながらでしたが、小学校は普通学級を希望し、スタートしました。

最初の2週間は、集団登校で行けていたのですが、1ヵ月が経つ頃には行けなくなりました。学習面は今思えば、かなり本人ががんばっていたのだと思いますが、夏休み前に勉強が苦しいと訴えがあり、担任の先生に相談しました。先生も保護者にどう伝えようか悩んでいたとの事で、参観日に見に行くと、教卓の真ん前で寝ていて周りの子に起こされてはまた眠り、先生に起こされるを繰り返していました。

さすがにこれではダメだと思い、子どもに気持ちを聞くと、勉強が分からない、行きたくないと言います。以前から話が出ていた特別支援学級のことを本人に伝えるとそこに行きたいと言うので、本来は難しいところを年度途中で支援学級に移行させてもらいました。

最初の1年は穏やかにのびのび過ごし安心していましたが、2年目から苦難が始まりました。同じ学年の男の子が編入してきて、親子で親しくなったのですが、そのうち子ども同士、親同士でトラブルが起きるようになり、親子で気持ちが揺さぶられ、パニックになることも多くなりました。その頃はまだ放課後を学童クラブでお世話になっていましたが、慕《した》っていた指導員さんの異動などで学童にも行きにくくなりました。周りから医療の受診をすすめられ、服薬が始まりました。

当初はクスリに期待していましたが、効果は全く感じられず、それどころか食欲は落ち、体重が減り、食べたいのに食べられないストレスでパニックが増える。そんな時、クラスの友だちとのケンカで目尻に軽い怪我を追わせてしまい、慰謝料の話にまで発展してしまいました。学校も含め、話し合ったものの折り合いが付かず、我が子も相手の子も不登校になってしまいました。

親子とも精神的に疲れ果てていたところに、長年の知人で、子どもさんがゆめの森を利用している保護者さんから前島さんを紹介されたのが、ゆめの森との出合いでした。相談員さんを通じ、前島さんにこれまでの経緯を全部聞いていただき、向精神薬の話もしたところ、「おクスリはやめたいですか?」と聞かれ、飲ませてみて不信感だらけだったので「ハイ!」とお答えしました。

夏休みに入り、ゆめの森の食事をしっかり食べさせてもらうことで断薬に踏み切りました。家では順調に断薬出来ていると感じていましたが、後日談で断薬から落ち着くまでは、かなりゆめの森で大変だったそうです。

自宅の食事も、タカの姉と兄の協力で極力ゆめの森の食事に近付けました。天然出汁を使うようにし、白い精製糖をやめて、てん菜糖、大麦など取り入れました。

お水もミネラル豊富なお水を摂るようにしましたが、最初はミネラル成分が体に不足しているからか、不味《まず》く感じ苦戦していました。でも毎日コップ一杯を目標にがんばって家族で飲みました。タカは、ゆめ森のミネラル水でつくった酵素ジュースは美味しくて喜んで飲んでいたようです。

わが家は母子家庭で、上の子たちもバイトなどで自由にしていて話す時間もあまりなく、私の気持ちを理解してくれる家族がいないと感じ、いつもストレスで、タカにもつい手が出て、行き過ぎてしまうことがありました。そんな時、前島さんに連絡するとすぐに来てくれて、前島さんがタカを自宅に泊めて預かってくれたこともありました。食事に気をつけながら、そうして周りの人の力を借りることで、タカも5年生の頃から少しずつ目に見えて落ち着いてきました。

しかし、思春期に入り6年生でまた学校でパニックになることがあり、不安になって担任の先生と面談をしたところ「お母さん、私を信じてください！　何でも話してください！　必ず受け止めますので」と言われ、「この先生なら大丈夫」と思い、任せることが出来ました。その後もいろいろありましたが、担任の先生との信頼関係があったので最終学年を毎日通い、卒業式を無事に迎えることが出来たと思っています。

今は養護学校の中等部で毎日楽しく過ごしています。身体も大きくなり声変わりもして親離れをしている最中です。少し寂しく感じますが、日々を笑顔で過ごせています。これも前島さんとの出会いがなければなかったことだと思っています。そして人にとって、「食べる」という基本的なことを見直すことの大切さを、息子の事例を通して、多くの人に知ってほしいです。

お母さんの気持ちをしっかりと支える

初めて会ったタカちゃんの印象を今も忘れません。とても目力の強い、はっきりとした意思を持った男の子。それが話さなくても伝わってくるほど強いエネルギーを感じる子でした。でもその裏側には、生い立ちの苦しみから精神的に余裕が持てず、ついつい子どもたちを追い込んでしまうお母さんとの必死の向き合いの日々がありました。お母さんは、女手一つで育てて来た自分のがんばりを誰も認めてくれない……そんな気持ちからもストレスをいっぱい溜め込んでいたのです。

そんな苦しい親子に私はいったい何が出来るのだろうと考えた時、まずはお母さんの気持ちを支え、今の苦しみから救い出すことだと感じました。お母さんご自身の生い立ちや育ってきた環境について、じっくりお話を聴いてみると、やはり幼少期に実のお母さんとの十分な愛着関係が築いてこれなかった背景がありました。幼い頃から精神的に自立しようとし、不安や寂しさをいっぱい押し殺してきたお母さんは、我が子の子育てで感情のコントロールが利かなくなるという苦しみに苛《さいな》まれていたのです。

そんなお母さんの気持ちをしっかり受け止めるためには、時間が必要でした。深夜の電話でじっくり気持ちを聴いたり、時には「そんなことじゃダメ！」と叱ることもありました。それでも、お母さんはがんばりました。食事を一生懸命つくったり、愛情を掛ける時は精一杯の表現を子どもに見せたり、自分の中での葛藤を必死に乗り越えようとされたのだと思います。そんなお母さんの努力で、行きつ戻りつしながらも、確実に一歩一歩、前に進んで行かれました。

苦しい離脱症状を食と関わりで乗り越え落ち着けるようになったタカちゃん

一方、夏休みにスタートしたタカちゃんの断薬の日々は、当時、お母さんを不安にさせないために伝えていませんでしたが、毎日が壮絶な私との体当たりの日々でした。服薬なしで来る日が続いてくると、離脱症状の苦しみで些細《ささい》なことがきっかけで暴れてしまうのです。その度に物を壊そうとしたり、止めようとするとものすごい力で反発するのを力いっぱい抱きすくめて鎮めるという繰り返しでした。

「やめろーー！　ボケーー！　離せーー！」と叫びながら、抱きしめる私の腕から必死で逃げ出そうとするタカちゃんに「苦しいねー、大丈夫、大丈夫、もうすぐ落ち着けるよ。一緒にがんばろう」と精一杯、冷静に穏やかに声をかけ続けました。お互い汗びっしょりになって、タカちゃんのほうが力尽きて落ち着くと「何でだった？　何がいけんかった？」という私の言葉にポツリポツリと答えてくれました。「そっか、そっか。それは嫌だったねー、気持ちは分かったよ。でもそんな時は前島さんに言いにおいで。ちゃんと（相手の子に）話してあげるから。ちゃんと解決してあげるから」と言いました。

そんな繰り返しの中で、やがて「我慢出来ない時には暴れるのではなく、大人に伝えればいいんだ」と分かったようで、徐々にそれが出来るようになり落ち着いていったのです。もちろん、そこにはしっかりとしたミネラルや栄養豊富な食事がタカちゃんを支えていたことは間違いありません。今は、毎日元気に楽しく中学校に通い、すっかりお兄さんになった姿でゆめの森に週一度、顔を見せてくれています。

■実例6

プライドと強い過敏性による苦しみが食と関わりで落ち着いていったヒカルくん

ヒカルくん

小4で自閉症スペクトラムと診断されるが向精神薬の服薬を断る。ゆめの森につながり食事改善の取り組みで、アトピーが治り、〝発達障がい〟の症状も軽減。小5で学校に戻るが中1で再びゆめの森へ。食の取り組みを続けたことで小学生の頃とは見違えるほどの心の育ちを見せる。

〈ヒカルくんのお母さん〉

ヒカルは、幼稚園の時からちょっと指示が入りにくいと言われていましたが、通級（通常学級に在籍しつつ、特別な支援教育を受けられる制度）を利用しながら普通級に通っていました。４年生の担任がちょっと厳しい先生で、宿題が提出されていなかったりすると「お母さんももうちょっとがんばってください。他のお母さんたちはがんばっていますよ」というふうに言われるので、私もすごく気になってしまって、ついついヒカルに厳しく言うようになりました。そのうち表情がなくなってきて、学校で暴れるようになったのです。

その暴れ方もイスや机を蹴ったり、人に手を出したりなどと過激でした。先生がそれを止めようとして追いかけるのですが、足が速くて校内中を逃げ回る。それで夕方に学校から電話が掛かってきて、謝りに行くようなこともしょっちゅうでした。

医師からクスリをすすめられたのですが、本人も嫌がったため飲ませませんでした。４年生までは「発達障がいの疑い」という診断だったのですが、４年生でもう一度診断を受けると、「自閉症スペクトラム」と診断がおりて、コンサータが出ました。

でも私は、仕事関係でクスリを飲んでいる人を見ていましたし、子どもが服薬すると食欲がなくなり、ご飯を食べなくなると聞いていたので、どうしてもクスリを飲ませたくないと思っていました。

ある日、行きつけの美容院でゆめの森のことを教えてもらったので、ワラをもつかむ思いですぐに電話を掛け、つながることが出来たのです。

食の取り組みを教えてもらいながらゆめの森に1年間通って、5年、6年は担任の先生との相性が良かったこともあり、がんばって学校に行けていました。ところが中学に入って、クラスの友だちから強い態度を受けたことから行けなくなり、またゆめの森に行くようになって、そこから再び立て直し、最近また中学校に無理なく通えるようになってきました。

最初に学校に行けなくなった時は、息子と私だけが世間から切り離されたような状態になって苦しかったのですが、ゆめの森に出合ってからは親である私自身が楽になって、息子に対する接し方も変えることが出来、気持ちに余裕が持てるようになりました。

食を変えて気づいたことは、アトピー性の肌がキレイになっていったこと、そして何より追い込まれた精神状態のために能面のようになっていた表情が元に戻ったことでした。そのことに気づいた時、心からクスリを飲ませなくて良かったと思いました。ゆめの森さんに出合えた事に感謝しています。

過敏性のために勉強に手をつけられない

ヒカルくんはとても真面目な子で、「学校は行かなければいけない」と強く思っていました。とてもプライドが高く、人に負けることが大キライでした。なので「学校に行く」「勉強をする」その気持ちだけは人一倍ありました。でも、その研ぎ澄まされた感覚（過敏性）から、人がたくさんいる教室に入ると心がザワザワしてしまい落ち着かず、本当はやりたいと思っている勉強も手につかない、そんな苛立ちから友だちにちょっかいを出し、売り言葉に買い言葉でトラブルになると暴力になってしまう。それでも自分は「ゆめの森のような学校に行けない人が行く所にいる人ではない」と、ヒカルくんは小学生の間そんな思いの中で苦しんでいました。

周りへの蔑視は、自信のなさの裏がえし

ヒカルくんだけでなく、心の葛藤を持っている子どもたちによくあるのは蔑視《べっし》の気持ちです。見た目にハンディキャップがあると分かる人や、少し人と変わって見える人を見ると、なぜか嫌悪感を露《あら》わにすることがあります。それは、蔑視する子が悪いというのではなく、究極の自信のなさから、自分でも気づかない潜在意識の部分で目の前のハンディを持つ人を鏡にして、自分を写し出しているのではないかと感じます。自分自身への歯痒《はがゆ》さが蔑視となっているのだろうと側で見ていて感じます。

同じようにヒカルくんも4年生の頃は「ゆめの森のような所」という蔑視の気持ちから、放課後、スタッフが学校に迎えに行っても「行かない！　家に帰る！」と強く抵抗し、私に連絡が入り、迎えに行って気持ちを受け止め、切り替えてゆめの森に来る日も多くあ

りました。

本当は行くと辛い学校なのに、必死で行こうとがんばり、結果、トラブルで暴れて、逃げて、叱られ、自己肯定感を落とすという悪循環になってしまっていたのです。

アトピーの痒さがなくなり、さらに驚きの効果が!

そんな中、お母さんが一生懸命がんばられた食の力は、ヒカルくんを支えました。最初に、痒みで辛かったアトピー症状が和らぎ、肌がキレイになっていったのです。

痒みも、痛みと同じくらい心にストレスを与えます。なのでそれだけでも違ったと思いますが、それだけでは終わりませんでした。ある日、お母さんが興奮気味に話してくださったエピソードが今も忘れられません。

「実は昨日、ヒカルが折り紙の本を見ながら、折り紙を折っていたんです! 目を疑うほど驚きました。ミネラルってやっぱりすごいですね!」

ヒカルくんは、ゆめの森でも床にあった本を見るなり足で蹴飛ばすほど、活字を嫌がっていました。なのに、活字を読むどころか、ややこしい図解を見ながら折り紙を折っていたというお母さんからの報告に、一瞬、鳥肌が立ちました。

再びゆめの森へ　しっかりと育まれていた〝自信〟

自信のなさから芽生えた蔑視の気持ちも次第に消え、小学5年生で出会った情熱ある若い男性の担任の先生のお陰で、ヒカルくんは5〜6年生を別室を使いながらも楽しく学校で過ごすことが出来、ゆめの森に来ることもなくなっていました。

中学生になり、先生や環境も大きく変わったこと、そして思春期の体の成長に伴い、ホルモンバランスが崩れたことで、再び過敏性が強まり、友だちとのトラブルがきっかけで登校出来なくなってしまいました。

しかし、中学1年生で再びやって来たヒカルくんは、見違えるほど小学生時代の尖った感じがなくなっていて、朝からすんなりゆめの森に来て、笑顔でみんなと関わっていきました。

それは5、6年生の学校生活で少しずつ自信をつけることが出来たこと、そこにお母さんの変わらない食への意識と取り組み、そしてヒカルくんが服薬していなかったことが大きかったと思っています。

ヒカルくんには服薬に関する感動のエピソードがあります。それは、お母さんが病院からのクスリを飲ませようとした時、ヒカルくんが言ったのです。

「クスリは飲まない！　だって、たとえクスリで良くなったとしても、それは本当の自分じゃないから」

お母さんからその話を聞いた時、本当に感動しました。まさにヒカルくんの魂は知っていたのだと思います。

「相談出来る」安心感が子どもに向き合う力に

今の課題は、ヒカルくんがゲームやYouTubeなどの映像やメディア依存からなかなか離れられないことです。これはヒカルくんだけでなく、実は今の多くの子どもたちの深刻な課題だと思っています。ただ、狭かった世界が拓けてきたヒカルくんに希望の光を見ることが出来、嬉しく思っています。

「私はゆめの森に出合えたから、今のヒカルを冷静に見ることが出来、これからどうしていくかを焦らず考えることが出来ています。これは本当に大きなことだと思っています。いざとなれば、相談出来る場所がある、その安心感は、子どもとしっかり向き合う力になっています。本当に一番苦しくて途方に暮れていた時に出合わせていただけて、ありがとうございました」

こんなふうに言ってくださるお母さんに、スタッフ一同感謝しています。

■実例7

母親が学ぶことで子どもを守れる

シホちゃん

小2で注意欠陥多動性障がいと診断されるが服薬を断る。学校との連携が取れずお母さんが不安な時にゆめの森につながる。お母さんの深い悩みを解きほぐすことで、子どもとの関わりが改善していく。お母さんは現在、ゆめの森スタッフ。

〈シホちゃんのお母さん〉

1年生までは皆勤賞をもらうくらい「学校が楽しい、楽しい！」と喜んで行っていたのですが、2年生になってから急に「行きたくない」「人の目が怖い」と言うようになり、行きしぶりが始まりました。その頃から算数がちょっとついていけなくなっていたので、「通級指導教室」に行かせようと思ったのです。でも通級は希望者がいっぱいで、病院での診断を受けた子から優先的に行けるということだったので、それならと、まず診断書をもらおうと思い病院に行きました。

診断は注意欠陥多動性障がい（自閉症スペクトラム）でした。服薬もすすめられたのですが、実は私自身も若い頃向精神薬を飲んでいた経験があり、「服薬はいいです。診断書だけください」とお願いしました。

1年生の時に熱心に働きかけてくださった先生が他の学校に移られてしまい、2年生の時は学校のほうから何の働きかけもなく、私としては「これからどうしたらいいのか」と考えながら不安な気持ちで過ごしていた時、家の向かいにあるゆめの森こども園の前島先生が父に用事で自宅に来られたのです。

父と前島先生は、父がゆめの森こども園の目の前にある自宅の畑に除草剤を撒《ま》こうとしていた時に前島先生が声をかけてくださり、ミツバチについて父と立ち話になったことがきっかけで知り合いになりました。父は前島先生からミツバチの危機的状況を聞き、除草剤を撒くのをやめ、草刈り機に切り替えたのですが、そのお陰でミツバチが助かり美味しいハチミツが採れたと、そのハチミツを持ってお礼に来てくださったのです。

自宅の前に福祉事業所があるのは知っていたのですが、詳しいことは何も知りませんでした。でも福祉関係の人だし子どものことを相談してみようと思って、前島先生に子どものことを話してみたのです。すると、前島先生はすぐに、「子どもさんは便秘をしていませんか?」と聞かれたのです。実際、すごい便秘だったので、「すごい便秘です」と答えると、その場でミネラルについてのお話をしてくださいました。

そしてもっときちんと相談したいと思い、場所を古民家に移し、2時間くらいしっかり私の話を聞いてくださいました。その間、シホと弟がゆめの森の庭で勝手に水を出して遊びだしたので、思わず、「コラァ!!」と叱ろうとしたら、前島先生が、「いいよ、いいよ。帰ったら着替えてね」と穏やかに優しく言われているのを聞いた瞬間、「子どもをここに来させたいな」と思ったのです。

ゆめの森にはウサギやネコ、ニワトリなどがいて、動物が大好きなシホは「ここに来たい、来たい!!」となり、すぐ入園の手続きに入りました。

診断がおりた時は逆にほっとしたところもあったのですが、調べれば調べるほど、これは自分の子どもの頃と同じだなと思うところがあって、「自分もそうだったんだ。だから遺伝してしまったし、自分が間違った対応をしたから、余計子どもが悪化してしまったんじゃないか」と思いました。そう思うと努力しても駄目なんじゃないかなと思って辛かったのですが、前島先生に会うことが出来て、そうではないことを一つひとつ分かりやすく教えていただき、本当にありがたかったです。私はここでいろいろなことを勉強して親子で変わらないといけないなと感じました。

シホは今年から、学校では三人だけの少人数の支援学級に入っています。学校へは車で送っていますが、今はすんなり行ってくれています。

私自身、当時は自分と子どもが世間から孤立している感じがして、ずっと孤独感と不安が消えなかったのですが、ゆめの森に来て、保護者のスタッフさんも多く、話してみると、みなさん大変な時をがんばって乗り越えて来られたことが分かり、すごく勇気づけられました。

家族にも周囲にもなかなか分かってもらえず、外に出れば子どものことで謝ってばかりで「みんなが敵！」とぴりぴりしていました。でも前島先生の「戦うのではなくお願いするんだよ」というお言葉にはっとしました。周りに理解してもらうためにも主張するばかりではなく「お願いする」。まず自分が変わらないといけないなと気づくことができ、感謝しています。

その後、仕事で悩んでいることも話していたので、お声をかけていただき、ゆめの森のスタッフとして働かせていただくことになりました。

療育支援という難しい仕事に不安はありましたが、他のスタッフの対応を見ながら勉強したらいいよ、と言っていただき決心しました。実際に現場に入ってみて、スタッフの皆さんの寛大で優しい関わりに、自分がいかに我が子に対し、固定概念でガチガチになって厳しくしすぎていたかを痛感しました。

ゆめの森では、子どもも大人も自然体でゆったりのびのびしていて、私自身も発達障がいではないか？と疑いを持っていたので、とても救われた気持ちになりました。これまで、何に対してもこだわりを持って生きてきた私には、目からうろこが落ちる日々でした。

今はずいぶん仕事にも慣れ、我が子にも余裕を持って接することが出来るようになってきましたが、まだまだ勉強、経験不足なので、これからも子どもたちと一緒に成長していけたらと思っています。

ミツバチがきっかけで〝発達障がい〟に悩んでいた親子と出会う

シホちゃんの自宅は古民家ゆめの森から道路をはさんで目の前にあるのですが、ある日シホちゃんのおじいちゃんが生い茂った雑草を枯らすため、「近いうちに除草剤を撒きますね」とおっしゃったので、慌てて、実はミツバチを飼っていること、その理由は、農薬、除草剤、化学肥料で地球環境指標生物であるミツバチが絶滅の危機にあることをお伝えしました。そしてその場でミツバチのことを世界発信している船橋康貴さんの映画のダイジェスト版ＤＶＤ（15分）を手渡し、「ぜひ一度観てください」とお願いしました。

おじいちゃんは帰宅してすぐに観てくださって、「こういうことは全く知らなかった。よく分かりました。これからは草刈り機で刈りますね」と、除草剤をやめて広い農地を草刈り機で刈ってくださったのです。そのお礼に、採れたハチミツをご自宅にお持ちした時に、玄関に出てくださったお母さんとお話ししたのが出会いでした。

以前から朝時々、お母さんの怒り声と大泣きしているお子さんの声が古民家まで聞こえることがあったので、お子さんが学校へ行きにくいのかなと気がかりには思っていたのですが、お母さんのお話で納得しました。

本当の原因を探し出し、明らかにすることで前に進める

お母さんとお話しするうちに、お母さんの苦しみが、シホちゃんや弟の子育てに反映して、悪循環が起きているのが分かりました。

シホちゃんのお母さんのように子ども自身よりお母さんが深い悩みを抱えておられるケースは多く、こうした時にはお母さんご自身の生い立ちや学校時代の話をお聞きするようにしています。すると、やはりお母さんご自身がご両親との関係を十分に築いて来れなかったことが分かりました。お母さん自身の、「親にもっと甘えたかった」「もっと受け入れてほしかった」という気持ちは、心の奥底に沈む寂しさと共に、不安であったり、小さなことへの執着であったりを強くしていったのかも知れません。

また、自分の学校時代を思い出し、自分のしてきた苦労をさせたくないと思うあまり、必要以上に厳しくしたり、子どもが出来ないと自分も責めて苦しくなり、それがストレスとなって、悪循環が起きているのが分かりました。その一つひとつについて話しながら、「でももう大丈夫。これからは一緒に子どものため、お母さん自身のために楽しい人生にしていきましょう」そうお話しすると、シホちゃんのお母さんだけでなく、これまでの苦しかった思いをすべて話されたお母さん方は、たくさんの涙と共にスッキリされ、ここに来て話せて良かった！　これから良い方向に変わっていける気がしますと言ってくださいます。

シホちゃんのお母さんもその後、地域交流の場にも参加するようになり、ビワの葉エキスづくりや草木染めなどのワークショップのお手伝い等も積極的にしてくださるようになり、素敵な笑顔が増えています。現在は、子どもへの関わり方を学びたいと仰っていたこともあり、午後からのスタッフとして勤務してもらっています。

■実例8

辛い気持ちを受け止め、信じて関わることでリストカットを卒業したカナちゃん

カナちゃん

高1の3学期から不登校に。病院で向精神薬を処方されるが改善が見られない時にゆめの森につながる。リストカットがまるごと受け止められたことで、人への信頼を取り戻す。クスリの副作用について知り、少しずつ減薬、断薬に成功。夢に向かって歩めるようになる。

〈カナちゃんのお母さん〉

突然「学校に行けない！」と言ってきたのは高校1年の3学期でした。それからスクールカウンセラーの先生との面談、病院をすすめられ、クスリも飲むようにな

りました。が……すぐには良くならず、気分が良くなったり、悪くなったりの毎日でした。

子どもの頃から手がかかる子ではなかったので子育てに悩むことはなかったのですが、この時からはどうしていいのか？　悩みながらの毎日でした。講演会を聴きに行ったり、本を読んだりもしたのですが、自分の中に焦りやイライラが一杯でした。


そんな時、娘が、通っていたフリースクールの友だちに「ゆめの森」という所があることを教えてもらい、「自分も行きたい！」と言ってきました。正直どんなところか全く分からず心配でしたが、見学に伺って代表の前島先生とお話ししたら、ここで大丈夫！と確信出来ました。

ゆめの森では、他の子どもたちと遊んだり、もともと好きだったお菓子づくりをしたりして過ごしていたようですが、気持ちが不安定な娘は、いつも前島先生の後ろをついて歩いていたようです。私は食事の指導を受け、美佳先生からもミネラルの重要性を教えていただいたので、家でも実践をしながら子どもの様子を見ていきました。娘は、高校生のある時期からリストカットをするようになり、深くは切らないものの、自分の部屋でカミソリを使って、手首にたくさんの傷を付けていました。

ある日、前島先生から「お母さん、これから一緒にカミソリを買いに行きますね」と電話があり、最初はえぇ!? と驚きましたが、リストカットに使っていたカミソリが切れなくなり、新しいカミソリを買いたいから一緒に行ってほしいと娘が前島先生に頼んだようでした。

「カナちゃんは、生きたくてリストカットをしているので、一旦ありのままを受け入れて、自分は独りじゃない、どんな時も一緒に寄り添ってくれる人がいることを実感させたいので任せてほしい」と言われました。

後からの電話で、お店では嬉しそうに前島先生とカミソリを選んでいた様子を聞き、本来ならあり得ないことですが、娘が心から前島先生を信頼し、前島先生が娘を信じてくださったからこそ出来ることなんだと感じました。

また娘には毎日飲むように処方されていた向精神薬があり、疑問は持ちながらも病院で出されたクスリだから飲ませなければと思い飲ませていました。そんな中、向精神薬についての講演会に参加し、深刻なクスリの副作用を知って、これは何とかやめさせたいとそこから必死になりました。娘もゆめの森に行くようになり、クスリに頼らず食の力で回復することを知ったせいか、ある日、娘のほうから「クスリを減らしたい」と言ってきた時は「よっしゃー！」と思いました。

それからすぐに担当医に減薬、断薬の希望を伝えましたが、なかなか承諾してくれず、最後は「先生！このクスリを飲み続けて将来、娘に副作用で何かあったら責任取ってくださいますか？」と詰め寄り、ようやく減薬が始まりました。

しかし、2年間、毎日しっかり飲んで来た向精神薬だったので、やめることはそう簡単なことではありませんでした。クスリが切れるとフラッシュバックが強まって、それまで以上に不安が募るようになり、一時はその苦しさから、隠れて一気に何錠も飲んでしまうという危険なこともありました。この時、本当のクスリの怖さを知りました。やめると余計に感情をコントロール出来なくなるようなクスリをなぜ飲ませてしまったのか、後悔の念にかられました。それでも前島先生やスタッフの皆さんの支えで少しずつクスリを減らし、やがて全く飲まなくても大丈夫になりました。

その後、通信制の高校を無事卒業し、車の免許も取ることが出来てからは、世界も広がり、バイトも出来るようになりました。今はバイトを続けながら、好きな英語を独学で学び、将来は外国へ行きたい！と夢に向かっています。

娘が学校に行けなくなった時、なぜこんなことになったのか、私の何がいけなかったのかと自分を責めることの連続でした。しかし私は、夫、家族、母親にいつも協力してもらい、前島先生、ゆめの森のスタッフの皆さん、美佳先生に支えられて、本当に運が良かったと思っています。本当に感謝です。

今も子どもさんのことで悩んでいるお母さんはたくさんおられると思います。私は自分の経験から、一人で悩まず勇気を出してゆめの森に相談に行かれてみてはどうですか？と地元の方々に言いたいです。そして、全国にゆめの森こども園のような場所が増えることを心から願っています。

リストカットにも理由がある

カナちゃんは、ゆめの森に来た当初、「私のお母さんは本当のお母さんじゃないんです」と口癖のように言っていました。ある日、お母さんにやんわりその事を話すとお母さんは思わず吹き出し、「ちゃんと産みました」と話され、二人で大笑い。でもカナちゃんの話を聞いていると、本気でそう思い込んいるんだなぁと感じるほど、お母さんに対し心の距離を置いているのを感じました。

裏を返せば、それだけお母さんに甘えたい、でも甘えることが出来なかったという寂しい気持ち、悔しい気持ちがカナちゃんの行き場のない寂しさや苛立ちに変わり、お母さんに辛く当たることでさらに孤独になっていったのだと思います。そして誰に対しても心を開くことが出来ず（心の開き方が分からなかったのかも知れません）、学校でも孤立感を味わうようになり、リストカットが始まりました。

リストカットをする子どもたちは皆そうですが、死にたいわけではありません。むしろ、心の底では生きたいと願っています。過去にリストカットをしていた子と話した時、切った手首に薄っすらと血が滲《にじ》んでいくのを見ていると、生きているんだなぁ……と感じて落ち着けたと言うのを聞いて、そうなんだと気づかされました。カナちゃんも、誰かにこの苦しい気持ちを分かってほしい、誰かに心から寄り添ってほしい……そんな心の叫びから、きっとリストカットをしていたのだと思います。

「普通の関わりでは救えない」すべてを認めることに

大人から見れば、当然容認できることではなく、ましてや親なら全力で止めるため、カナちゃんも自宅の自分の部屋で密かにリストカットを繰り返していました。そのことを知った時、これはもう普通の関わりでは救えないなと思い、支援者としてはあり得ませんが、リストカットも含め、カナちゃんを丸ごと受け止める覚悟をしました。

「辛いね。今はリストカットをせずにいられないほど苦しいんだね。大丈夫！　リストカットしてもいいよ。ただ、切りたくなった時は、必ず私に教えてね」と伝えました。

その日からカナちゃんは、ゆめの森にいても気持ちが沈んで辛くなると私のところに来て「前島さん、トイレで切ってもいいですか？」と告げに来てくれるようになりました。「いいよ。でも深く切らないように気をつけて。少し経ったら声をかけに行くから、その時は鍵を開けてね」「はい」そんなやり取りで見守りました。少し間を置いて声をかけるとカナちゃんは鍵を開けてくれました。じっと手首の血を見つめるカナちゃんに「手首にありがとうだね。カナの心を受け止めて、切らせてくれる手首にありがとう。心が元気になったら、切らなくなるから、それまで痛い思いをさせるけど、ごめんね。そう言って撫でてあげようね」と言いながら、消毒をしてカットバンを貼り、私もカナちゃんの手首を撫でました。

おそらくカナちゃんは、密かに自分で自分を傷つける行為に対し、罪悪感と孤独感を感じてきたと思います。しかし、誰かに許され、受け入れられ、寄り添ってもらえる安心感が持てれば、きっとカナちゃんの中に希望の光が差すと信じていたのです。

徹底して寄り添ったことで、リストカットが止まる

ある日、カナちゃんが明るい表情で「前島さん、カミソリが切れにくくなったので、新しいのを買いに行きたいので連れて行ってくれませんか?」と声をかけてきました。その時はさすがにドキッ!としましたが、ここが正念場と思い、「いいよ」と薬局スーパーに一緒に向かいました。向かう前に内緒でお母さんに電話を掛け、事情を伝えました。お母さんも最初は驚かれましたが、すぐに理解してくださり、「よろしくお願いします」と言ってくださってありがたかったです。

お店に入り、カミソリコーナーの前に二人で座り込み、内心複雑な気持ちで一緒にカミソリを選びました。カナちゃんは、いろいろ使ってきたので「これは、あまり良くない、これも……」と言いながら、突然「あっ! これ!」と目を輝かせ選んできたカミソリがありました。見ると、昔からあるガードのないスパッ!と切れる非常に危ないタイプのカミソリ、しかも10本入りを差し出したのです。

内心慌てながらも冷静を装い「それはダメだねー」「なんでですか?」「それはすごく

錆《さ》びやすい刃だから、錆びてることに気づかずに切って傷口から錆が入ったら、熱が出て命取りだからね」そう言いながら、少しでもセットの本数が少ないものを選んで「これがいいんじゃない？」とすすめました。

「分かりました！」カナちゃんは嬉しそうにレジに向かいました。一番少ない3本入りにしたものの、それでも本数を減らしたくて、芝居を打ち「あっ！そうだ。ちょうど顔そりのカミソリを買い替えたかったから、1本分けてくれない？」と言いました。カナちゃんは、初めて見せるような満面の笑顔で「いいですよ!! 何色がいいですか!?」と聞いてくれて「えーっ!? 選んでいいのぉー？」と喜ぶと、さらに嬉しそうに「いいですよ！お揃いですね！」と大喜びしてくれました。その姿を見ながら、複雑な気持ちに襲われる自分を（これでいいんだ）と言い聞かせていました。

そして信じた通り、確実にリストカットは減り、減薬、断薬に伴う苦しいフラッシュバックの中でも増えることはなく、やがて全く切らなくなっていったのです。

■実例9

人を信じられず荒《すさ》んだ心を本気の関わりで取り戻していったケンちゃん

ケンちゃん

注意欠陥多動性障がいの診断を受ける。学童保育所から利用中止を宣告されるほど、友だちとのトラブルや破壊行動が絶えない。生い立ちから人との信頼関係が結べなかったが、著者との関わりで〝信じる力〟を取り戻す。

最後に、ゆめの森こども園を開園する1年以上前に、当時お手伝いさせていただいていた事業所の放課後等デイサービスで出会った男の子（当時小3）の実例を紹介します。

暴言と威嚇　毎日絶えないトラブル

ケンちゃんは、小3とは思えない大柄の体格で、人を見る目はとても鋭く、グッと睨《にら》みつけるので、大人でも怖く感じるほどでした。毎日学校からデイサービスにやって来ると、2階の部屋に引きこもり、学校の図書室で借りてきた血がほとばしる怪談本をカーテンを閉めた暗い部屋で読んでいました。

1階の部屋でみんなで食べるおやつは「いらん」と拒否し、誰とも関わろうとしませんでした。スタッフが来ても必要最低限の会話しかせず、廊下で他の子たちとすれ違うとガッ！と拳を振り上げて威嚇《いかく》しました。

放課後等デイサービスに来る前は、小学校に隣接する学童に通っていたのですが、友だちとのトラブルや物を壊すという行為が続き、学童の先生からも利用中止をお願いされたお母さんが、途方に暮れて市役所に相談され、デイサービスにつながりました。当初はお母さんご自身も「この子は将来、新聞沙汰になる問題を起こします」と口癖のように言われていました。「そんなこと言っちゃダメ！　お母さんが信じてあげなかったら、誰がケンちゃんを信じて守ってあげるの！」と話しながら、毎日のように学校でも問題を起こすケンちゃんに悩むお母さんを励ましました。

〝ケンちゃんの心を暗闇から救いたい〟個別対応を始める

ある日、お母さんにケンちゃんの生い立ちを聞いた時、なるほど……と胸が痛みました。ケンちゃんは、お父さんも不在がちで、父方のおばあちゃんも第三子のケンちゃんの誕生を望まなかった。生まれてきてからも、おばあちゃんから冷たい態度をとられていたと言います。その具体的な状況をお母さんから聞いて想像した時、ケンちゃんが3歳まで言葉を発さず、保育園に行けば、次々と友だちを突き飛ばしていたという話にも納得できました。

4歳で風邪をこじらせて入院した際、同室の同じ年くらいの子が「死ね」「ババァ」などの暴言を吐く姿を見ていて、退院後、一気に言葉が出たと思ったら、見事に暴言の嵐だったとお母さんが話されて、なるほど〜でした。

そんな生い立ちを持つケンちゃんは、ＡＤＨＤの診断も出ていたので、その過敏性もあり、なおさら人を信頼したり、近寄ることは出来なかったのだと思います。そんなケンちゃんの心を暗闇から救い出したいと思い、個別対応で担当させてほしいと申し出たところ、快諾いただいて、ケンちゃんとの日々がスタートしました。

ケンちゃんは、電車が大好きでした。幸い、15分ほど歩いた場所に電車基地があったので、そこに散歩に誘うと喜んで外に出るようになりました。

試してくる子どもとの真剣なかけ引き

しかし、そう簡単に人なんか信用するもんか！と言わんばかりに「試し行動」が始まりました。デイサービスを出た瞬間に走り出し、雲隠れして姿を消してしまうのです。

おそらく、慌てて探し回る私の姿を楽しむつもりだったのだと思いますが、その手には乗りません。

黙って気配を伺いながら歩みを進め、出てくる様子がないと判断すると立ち止まり、大きな声で「隠れて出てこないなら、もう電車基地には行かない！　明日からも散歩になんて出ない！」とどこかに隠れているはずのケンちゃんに向かって叫びました。

そこからはケンちゃんとのガマン比べです。もしかしたら、もうずっと遠くに行ってしまったかも知れない……事故に遭ったら……そんな不安を振り切り、ケンちゃんは絶対大丈夫！と信じ切り、不動の姿勢を貫きました。

待つこと10分。20～30メートル先の建物からチラリとこちらを覗く姿を見つけた時は、心から胸を撫で下ろしました。しかし、次の瞬間、また大きな声で言いました。

「ここまで帰って来なさい！　でないと今日は行かない!!」

するとジワジワと距離を縮め、時間を掛けながら5メートルくらいのところまで戻って来てくれました。

「なんでそんな事するの？　そんなことをしたら、前島さんはケンちゃんを守ってあげられないじゃない。どんどん離れたら、いざという時にケンちゃんを守ってあげられないんだよ！」

それからは、離れても5メートル以内で一緒に歩いて散歩に出かけるのが日課になりました。

暴言の裏にあったケンちゃんの優しい気持ち

そうして少しずつ学校や家での出来事など、いろんな話をしながらの散歩になっていきましたが、ケンちゃんがどうしても暴言を吐く場面がありました。それは、私が通り掛かる人や学校帰りの子どもたちに「こんにちはー」「おかえりー」と声をかけた時に起きました。

「バーカ！　おまえ、馬鹿じゃないの!?　アイツのこと知ってるのか？」

「知らないよ」

「知らないのに、こんにちはとか、おかえりとか馬鹿じゃないの？」

「なんで？　みんなと挨拶出来て嬉しいじゃない」

「信じられん、やっぱり、前島は馬鹿だね」

「そーかなぁー」

　こんなやり取りが続いていました。

　そんなある日、しょんぼりと肩を落として学校から家に帰る男の子が向こうからやって来ました。私の前を通り過ぎようとした時、いつものように「おかえり」と声をかけたのです。すると、その子はあっさり無視して通り過ぎました。その次の瞬間。ケンちゃんが顔から火を吹かんばかりに怒り出したのです。

「ほーら見ろ!!　こうやって人は裏切るんだ！　今アイツ、ただいまって言ったか!?」

　それはもうものすごい剣幕で怒って怒って……。でも次の瞬間、分かったのです。

　この子は私が傷ついたと思ったんだ。挨拶をしたのに無視された私が惨《みじ》めな思いをしただろうと、自分の気持ちと重ね合わせたんだと。

「ケンちゃーん、ありがとうねー！　ケンちゃんは、前島さんが傷ついたと思って怒ってくれたんだよね。でも大丈夫なんだよ。あの子は確かに挨拶は返してくれなかったけど、もしかしたら、学校で先生に怒られて帰って来たのかも知れないし、友だちとケンカして帰って来たのかも知れない。それか、本当は挨拶したかったけど、恥ずかしくて出来なかったのかも知れない。でも前島さんは、あの子に返事をしてほしくて、おかえりと言ったんじゃないんだよ。前島さんがしたかったの。

前島さんが声をかけたかったから、あの子におかえりと言っただけなの。だから返事がなくても無視されても全然平気なんだよ。でもケンちゃんは、前島さんが傷ついたと思って怒ってくれたんだよね？ ありがとう！ ありがとうねー」

すると、いつもは反発するケンちゃんが黙ってじっと聞いていたのです。

そして「ケンちゃん、行こう！」とまた歩き出した時、一生忘れられない感動の瞬間が訪れました。

犬の散歩で向こうから歩いて来たおじさんに「こんばんは」と私が声をかけた次の瞬間、後ろから小さな声で「こんばんは…」と呟《つぶや》く声が聞こえたのです。思わず嬉しくて涙がこみ上げましたが、風景を眺める振りをしてケンちゃんのほうをチラリと見ると、思い切り顔を横に背《そむ》けていて、ケンちゃんらしいと思わず笑いがこみ上げました。それをキッカケにケンちゃんは、おどけながら「こんちわー!」とか「コンチクワー!」と見知らぬ人にも声をかけるようになったのです。

子どもの心や力を「信じ切る」のは大人の役目

ケンちゃんとの体験から、子どもの心を荒らすのも癒すのも、大人なのだと感じました。大人に粗末に扱われた子どもは、人を信じることが出来ません。身近な大人が、子どもの中にある「本当はがんばりたい!」という心や力を〝信じる〟ではなく、信じ切る!!

それがきっと、将来子どもがどんな困難な状況に立っても、立ち上がって進んでいく力になるのだと思います。ケンちゃんは、今ゆめの森を卒業し、定時制の高校に入り、自分の道を進んでいます。

ゆめの森こども園スタッフの手記

ゆめの森こども園のスタッフは、お子さんがゆめの森につながったことがきっかけで働いてくださるようになった方が多くいらっしゃいます。皆さん、お子さんの変化を心から喜んで、我が子と同じように苦しむ子どもたちの力になりたいとがんばっています。

そのほかのスタッフも、日々子どもたちに学び、今よりももっと子どもたちの助けになりたいと、がんばってくれています。

そんなスタッフの心の変化や決意をご紹介いたします。中には画期的な食の効果もあり、ひとつの実例として読んでいただければと思います。

最初にご紹介する朱乃さんについては、お母さんの手記もご紹介いたします。朱乃さんは高校生の時にゆめの森の利用者としてつながり、見事に病気や服薬を克服し、スタッフとなりました。食と関わりでこのように希望ある未来をつかめるという、療育のあり方への提言でもあります。

■スタッフ手記1 「苦しみを知っているからこそ、力になりたい」

ゆめの森を高校生で利用、のちスタッフとなる　**大塚朱乃《あやの》**

私は高校1年生の夏頃、いじめが原因で不登校になりました。この頃はとにかく「学校に行きたくない」「学校を辞めたい」そればかり考えていて、食事もジャンクフードや添加物のたくさん入っている食べ物を好んで食べていました。「学校に行きたくない。行かない」と言う私を、当時の母は私が怠けていると思い、出席日数で学校の進級が難しくなることを心配して、母とは毎朝口論が絶えませんでした。お互いが涙を流すこともよくありました。無理やり布団を剥《は》がされる毎朝は、本当に辛いものでした。9月になり、私はついに人生のどん底に落ち、母親に自分から「精神科に行きたい」と言い、受診しました。

その当時は「精神科に行って診てもらえれば楽になれる」と思っていたのです。

診てくださった精神科の先生は60代の女性で、怒ると大きな声が出たりするので、こっちが緊張してしまう先生でした。ある日、病院で「あやのさんの気持ちが落ち着くように、これから注射をします」と言われました。精神的にどん底の私でしたが、それでも注射と言われ、「なんで精神科で注射をしなければならないの？」「気持ちが落ち着く注射って何？ 怖い」と思いました。

子どもの頃から注射が大嫌いだったこともあり、注射をしたくありませんでした。「注射はしません」と伝えると、先生は怒って「患者が私の治療に対して、反対意見は普通言いませんよ」と言われました。その時は本当にビックリしたのと悲しい気持ちでいっぱいになったことを今でも覚えています。

結局、注射はせず、心理検査を受けました。結果は「コミュニケーション障がい」という診断がおり、ジプレキサという向精神薬が処方されました。そのクスリを飲んで30分くらい経つと自分でもおかしいと分かるくらい異様にハイテンションになり、人肌が恋しくなって母にベタベタ抱きついたりしていました。

翌朝は、昨晩飲んだクスリの副作用からか、体がだるくてだるくて起きられず、昼前まで布団の中にいたり、食欲不振で何事もやる気になれない、もう死にたい…と深い闇の中にいました。そして、ずっと私を心配して寄り添ってくれた母も参ってしまい、元々痩せていたのが、さらに痩せていきました。

母は、私や弟が通っていた保育園でお世話になった前島先生のことを思い出し、連絡をして私のことを相談してくれたのです。前島先生はすぐに相談においでと言ってくださり、母親と一緒に前島先生の元へ行きました。

前島先生は私に優しく問いかけ、気持ちを聞いてくれました。本当は言いたいことがたくさんありましたが、その時の私は頭に浮かぶ答えを言葉にするのが難しく、結局「分かりません」としか答えられませんでした。

そんな私の代わりに母が今までの状況を話してくれたのですが、前島先生は母の気持ちを聞いて「あやのは決して怠けている訳じゃないんだよ」と言ってくださり、心が救われた瞬間でした。そして、食事のことも聞いてくださって「実は、食べ物と心には深い関係があってね、化学的な調味料を多く使ったジャンクフードや添加物が多く含まれた食品を食べていると、脳の神経が痩せ細って、不安になったり、前向きに考えられなくなったり。それが酷《ひど》くなると、死にたいと思うようになったりするんだよ」と、今まで知らなかった食べ物（栄養）の持つ力の話をたくさん聞いて、とても衝撃的だったことを覚えています。そして、食で心は整うと知り、この日から向精神薬を飲むのをやめました。

後日、『食べなきゃ、危険！』著者の国光美佳先生をご紹介くださり、トビウオの白だしや粉だし、大麦粉、活麦などを食事に取り入れ、腸を整えながらのミネラル補給が始まりました。始めた当初は今までの食事が添加物だらけの食生活だったため、舌が添加物の味付けに慣れ過ぎていて、だしの魚臭さに抵抗を感じ、摂取しにくかったので、初めはお肉の下味やお味噌汁、ココアに隠し味として、だしを使っていきました。

また、国光先生からのアドバイスで、粉だしや岩塩を使って「ミネラルふりかけ」をつくり、ご飯にかけて食べたりしました。そこからだんだんと味覚が変わり、いろいろなものが食べられるようになったのです。

そして、ミネラル補給を始めた2ヵ月後には、自分で家族にミネラルたっぷりの食事やお弁当をつくるまでになっていて、ひいお婆ちゃんの介護を手伝い、そこに生き甲斐を感じるなど、気持ちに変化が表われ始めました。以前よりも前向きになり、自分のことを大事にしたいと思う気持ちが芽生えてきました。

母をはじめ、ここまで自分を支えてくれた周りの人たちの存在に気づき、感謝の気持ちが湧いて来るようになったのです。そしてある日の夜、私は母と車でドライブしながら、「お母さん、わたし、あのままずっとクスリを飲んでいたら、今頃ここにいなかった（自殺していた）かも知れない……お母さん、ありがとう」そう初めて母に素直な感謝を伝えることが出来ました。隣で運転していた母は泣き出してしまい、涙で運転が出来なくなるほどでした。その涙に、どれだけ身を削るように、私を思い、守ろうとしてくれたのか、母の愛と覚悟を痛いほど思い知りました。

そして自分の決断で、在籍していた高校を辞め、ゆめの森で勉強しながら進めていける通信制の高校へ転校することを決めました。来る日も来る日も休まず、ゆめの森に通いました。ゆめの森は前島先生をはじめ、優しくて楽しいスタッフさんばかり。そして、ゆめの森に通う子どもたちもみんな可愛くて、朝から行くのが楽しみでした。こうして私の人生は大きく変わっていきました。

私は前島先生に恩返しがしたいと強く思うようになり、ゆめの森に就職したいと思うようになりました。どん底で苦しかった時期を食の力に救われたので、最初は栄養士（それまでの夢は保育士だったのですが）を目指そうと思いましたが、前島先生に相談して「医食同源」を学ぶために、薬膳コーディネーターの資格を取ることに決め、高校の勉強をする傍《かたわ》ら、通信で資格を取得しました。そして、高校も無事に卒業することが出来たのです。

今は薬膳コーディネーターの勉強で得た知識を活かし、ゆめの森で主に食事担当として働かせてもらっています。朝から学校に行けない子どもたち、行けても午前中が精一杯でゆめの森に早退して帰ってくる子どもたち、そしてスタッフ全員のために、ミネラルと栄養たっぷりのお昼ご飯、放課後のおやつ（雑穀米のおにぎり、天然だしの味噌汁など）をつくっています。

また、プライベートでは、同年代で向精神薬を飲んで苦しんでいる友だちの相談に乗り、サポートしています。自分自身が精神的に苦しみ、向精神薬の怖さも経験してきたからこそ、少しでも力になりたいと思っています。本当に、知ると知らないでは、全く将来も人生も違ってきます。私自身も自らの体験を通して誰かの幸せのために伝えていけたら幸せです。

お母さんの手記 「勇気をもって相談したからこそ今がある」

「いってきまーす！」

今日も朝から元気に仕事に行く朱乃。

数年前のあの子に、今の元気な姿を見せてやりたかったです。それほどあの頃は苦しく、私自身もこんな生活を送れる日がくるとは夢にも想像しませんでした。

毎朝が憂鬱《ゆううつ》だったあの頃、学校に行く行かないで朝からケンカ。心ない酷い言葉で何度となく怒鳴りつけました。学校に送り届けると自己満足です。朱乃の本当の気持ちも分かってやる余裕もありませんでした。不登校は弱い人がなるもの！　うちの子は、弱くない！　行かせなくちゃ！　一回休んだら休み癖がついて行かなくなっちゃう！　――そんな気持ちで必死でした。でも、衝撃の日は突然やってきました。

「病院へ行きたい。連れて行ってほしい」

でもその時の私は「これで治る!!」と思いました。そして病院に連れて行ったのです。結果は、治るどころか、その場で病院の先生に叱りつけられ、朱乃にも辛い思いをさせてしまいました。親子でこんな辛い思いをするなら死んだほうがマシだと思いました。

もう、どうにもならなくなった時、保育園時代にお世話になった前島先生を思い出し、メールをしました。すると、すぐに会いましょう！と言ってくださいました。

今でも、鮮明に覚えています。何年かぶりに会った前島先生の顔を見るなり涙が止まらなくなり、小さな子が泣くようにわんわんと先生に抱きついて泣きました。もう本当に限界だったのだと思います。そして先生と話し、考え方が変わりました。すると笑顔が戻ってきたのです。

さらに前島先生は、国光先生を紹介してくださり、私は食の大切さを学んでいきました。朱乃も少しずつでしたが、ゆめの森で目に見えて元気になっていきました。学校もあの子に無理がないようにと前島先生が動いてくださり、通信高校に移行し無事卒業出来ました。朱乃は食、栄養の大切さを実感したことで、この高校時代に通信講座で薬膳コーディネーターの資格も取りました。ゆめの森で働きたい！という本人の夢が叶い、ゆめの森を卒業後、今度はスタッフとして仕事をするようになり、今は毎日クタクタになって帰ってきますが、充実感タップリに見えます。

人との縁は本当に分かりません。あの時、前島先生にメールをしなかったら今の朱乃はいません。これからもいろいろな人と出逢うと思います。ずっとずっと朱乃らしく、笑顔いっぱいの毎日を過ごしてほしいと心から願っています。

■スタッフ手記2　「『大家族』という言葉がぴったりな職場」

高橋彩音

私がゆめの森を知ったのは、大学生の時、自分の将来を考える真っ最中の時でした。私は学生の頃から心理士になることを目指し、特に、子どもたちの役に立ちたいと考えていました。でも、ただ資格として心理士資格を取るのではなく、実際に現場を知り体験することから始めよう、そのためにはどこか児童福祉施設をまずは訪ねてみようと思い施設を探していました。探している中で食育に力を入れ愛情を注ぐことを第一に考える「ゆめの森こども園」に巡り合いました。早速、電話をかけ、見学に伺いました。

そこには子どもたちもスタッフも生き生きと過ごし、穏やかな時間が流れる素晴らしい空間が広がっていました。このような所は他にないと直感し、短時間のアルバイトでも働かせていただけないかとお話してみたところ、社長である前島さんが快く受け入れてくださり、ゆめ森のスタッフになることが出来ました。

ゆめ森で働くようになり、最初に感じたのは、やはりスタッフ同士の仲の良さでした。ここまでアットホームでまさに「大家族」という言葉がぴったりな職場は、ゆめの森特有のものだと思います。優しく生き生きと働く大人がいる。そんな場所こそ、子どもたちが心安らぐ最高の環境なのだと心から感じました。

そんな中でも様々な感覚過敏に苦しみ、それぞれ特性を持った子どもたちと過ごしていると、大変だなと思うことも正直あります。ですが、その大変さもかき消すような子どもたちのキラキラの笑顔とパワーに知らず知らずのうちに癒され、力をもらっていることに気づきました。これからも、ゆめ森の楽しさを味わいながら、子どもたちと楽しく過ごしていきたいと思います。

■スタッフ手記3　「子どもたちと一緒に成長したい」

曽田れな

私がゆめの森こども園に入社したきっかけは知人の紹介でした。以前から療育に興味はありましたが、初めてのことで不安もありました。しかし、ゆめの森に勤める知人から、子どもへの関わり方、対応に困った時など相談しやすいこと、食育や自然体験に力を入れていることなどを聞いて、私もゆめの森で温もりのある療育支援、食育を学びたいと思いました。

入社して一番初めに感じたのは、スタッフの皆さんの明るさと温かさでした。またスタッフの子どもたちへの関わりは、子どもの荒っぽい言動に対しても、まず内面の苦しい思いを理解し、共感することをしていました。子どもたちは、頭から責められず、まず理解してもらい、受け止めてもらう。そこから徐々に自分の気持ちを整理し、感情をコントロールする力がついていくように見えました。

友だち同士でトラブルになった時も、自分のとった行動がどうだったか、スタッフと振り返る中、最初は自分の非を認められず葛藤に苦しんでいても、そのうち気持ちを分かってもらえる安心感の中で、少しずつ落ち着き、最後は自分が言い過ぎたり、やり過ぎてしまったことを認めて謝ることが出来たりする。そんな姿を素晴らしいと思いました。

もうすぐ私はゆめの森のスタッフとなってから3年を迎えます。まだまだ社長の前島さんや先輩スタッフに教わったり見守ってもらったりしながらですが、後輩のがんばりにもパワーをもらいながら楽しく働かせてもらっています。

社長が大切にしていることは、大家族のような環境の中で、一人ひとりの子どもの将来を本気で考え、その子のありのままの姿を受け入れながら、生きる力と人と関わる力を育み、幸せな人生に導きたい。そして、子どもたちに五感を働かせ、たくさんの自然体験をさせたいということだと思っています。その中で子どもたちは、自分を認め、大切にする気持ち（自己肯定感）や、やれば出来る！という自信、そして、自然を敬い、大切に思う気持ちが育っていくと感じています。私もそんな支援が出来るように、これからも精一杯、がんばっていきたいと思います。

■スタッフ手記4　「子どもに気づかされながら、もっと成長していきたい」

自らが発達障がいの疑いで学校・就職に苦労し
紹介でゆめの森スタッフに

阪元竜治

僕は、北海道からスタッフとして来ました。ゆめの森こども園で働くようになったきっかけは、姉の知り合いのお誘いで、前島さんの北海道での講演を聴いたことからでした。その講演会の後で姉が前島さんに、発達障がいの疑いがある弟（僕）のことで悩んでいると相談しました。その当時の僕は、親元を離れ介護福祉士の養成校に通っていましたが、勉強、実習に行き詰まっていました。

学校からは、仮に卒業できても介護福祉士資格の取得は難しいだろうと言われ、どうしたらいいか悩んでいました。そんな時、姉から「前島さんという方に相談したら、直接連絡してもいいですよと言ってもらった」と連絡があり、思い切って前島さんに電話をしてみることにしました。

そこで前島さんに、学校で上手くいっていないことや、同級生たちが当たり前のように出来ていることが自分には出来ず、自分は本当は何も出来ない人間なんじゃないかと悩んでいたこと等を話しました。すると前島さんが、出雲のゆめの森こども園に見学に来てみて、よかったら少し働いてみないかと提案してくださいました。

出雲で働くという話に、今まで自営のお店の手伝いをした以外は他で働いたことがなく、ましてや北海道から出たこともない自分には、突拍子もないことでした。正直気乗りはしませんでしたが、ゆめの森には、自分と同じような苦しみを抱えている子どもたちがたくさんいることを聞いて、その子たちの中で、一緒に学びながらいろいろ感じたり学んだりしてみないかと話された時、少し興味が湧きました。でも、家族から遠く離れた場所で、知らない人ばかりの環境でやっていく自信はなく、一旦保留にさせてもらいました。

その後、学校を退学し実家に戻り、家業を手伝っていましたが、学校を退学したという負い目と共に、いろいろな状況が起き、ちゃんと就職しなければというプレッシャーとコンプレックスに追い込まれた時、ふと前島さんからの提案を思い出しました。家族に相談すると、母も姉たちも喜んで賛成してくれたので、前島さんに改めて相談すると、まずは体験においでと言われ、まずは1週間、体験に行ってみることにしました。

生まれて初めて北海道を飛び出し、1週間ゆめの森のスタッフとして働いてみて感じたことは、自分にもここでなら何か出来ることがあるのではないか、そして人間的にも成長することが出来るのではないかということでした。そして、ゆめの森こども園で働くことを決めました。

最初はやはり、苦手とする人とのコミュニケーションに戸惑い、人に頼ることが出来ず、何でも自分で出来るようにならなきゃと思っていました。失敗しそうだと思っても、他の人に相談出来ず、不安や心配を誰にも伝えられないでいました。でも、そうすればするほど、空回りし、良い結果にはなりませんでした。

そんな時、自分の気持ちを素直に言えない子と関わった際に、子ども自身が気持ちを伝えてくれない限り、何かしてあげたくても、してあげられないことに気づきました。そこで初めて自分を振り返ることが出来たのです。自分が子どもに何もしてあげられないように、自分も不安や心配を人に伝えない限り、気にかけてくれる先輩や同僚がいたとしても、その人たちは何も出来ないんじゃないかと。

僕はコミュニケーションが苦手なため、伝えることは必要最低限にしていましたが、苦手なことを伝え、失敗しないためにどうしたらいいのかを誰かに聞くことも大切で、仮に失敗しても、そこから原因を考え、また相談して成長していけばいいと思えるようになりました。まだまだこれからですが、ゆめの森でもっともっと成長していきたいと思っています。

■スタッフ手記5

「求めて辿り着いたゆめの森　頼りにされるスタッフ目指して」

荒本沙記子

私が福祉の仕事を目指そうと思ったきっかけは、小学5年～中学1年の時に、障がいのある子もない子も共に勉強や遊びをして過ごす学習塾に通わせてもらっていた経験からでした。

私は人見知りで学校では友だちがいなくて一人で過ごすことが多かったのですが、その塾に行くと障がいのある子もない子も一緒になって自然にお互い苦手なところを補い合ったりしながら勉強や遊びをしていて、それがすごく楽しくて、こんな空間いいな、将来はこういう場所で働きたいと思い、高校で介護福祉の勉強をしました。

高校の先生のすすめで作業療法士の専門学校へ入学したのですが、色々と勉強していくうちに何か自分がやりたいことと違うと感じて中退し、その後、大阪の放課後等デイサービスで4年半、京都の知的障がい者生活介護施設で5年間働きました。

その利用者さんの中には、向精神薬を服用している人が何人かいて、どんどんと状態が悪くなっていくのを見ていた時に、三重県に住んでいる友人から、今度四日市で小倉謙先生と国光美佳先生、前島由美先生の講演会が開かれると聞き、片道3時間をかけて講演を聴きに行きました。

講演でクスリの危険性や食の改善で子どもたちが良い方向に変わっていくことを知り、自分が働いている職場のスタッフにも伝えたいと思いましたが、なかなか上手く伝えられず、もどかしさを感じていました。

その後、他の職場に変わることも考え、いろいろ見て回ったものの思うところがなく、相談した友人に、一度ゆめの森にメールで求人募集していないか問い合わせてみたら？と言われ、すぐにメールしました。スタッフの方からの返信は「現在は求人募集はしていませんが、よかったら前島代表のいる時に見学に来てください」という内容で、1週間悩んで、やはりチャンスは自分でつくらないと!と思い、「見学させてください」と前島さんのいる日に合わせて仕事の休みを取り、伺いました。

見学をさせていただいて思ったことは、今まで働いていた職場とは全く違い、子どもたちがとてもイキイキと過ごしている。しかもスタッフや保護者の方々が同じ方向を向いていて、子どもたちのために出来ることを一生懸命しておられる。それを強く感じて、改めて良いなぁと感じました。

その後、大阪に戻って元の職場で勤めていましたが、夏前にゆめの森に求人があると連絡をもらい、母に相談したところ、あなたが行きたいなら行っていいよと言ってもらい、念願が叶って7月からゆめの森で働くことになりました。

まだまだ慣れないことも多く、スタッフの皆さんに迷惑を掛けていることも多いと思いますが、皆さんに優しくしてもらい、毎日を子どもたちと楽しく過ごしています。これからたくさん勉強し、学んで、頼りにされるゆめの森のスタッフになりたいと思っています。

また、地元の大阪に前島さんを呼び、発達障がいの子どもさんを持つ親御さんや同じ療育支援の事業所の方に前島さんのお話を聴いてもらいたいと友人に声をかけ、その夢も叶いました。たくさんの人たちが来てくださり喜ばれ、本当に嬉しかったです。これからも一人でも多くの子どもや親御さんの力になれるよう、がんばります。

■スタッフ手記6

「息子を救ってくれたゆめの森で、子どもたちの力になりたい」

ゆめの森でクスリの危険性と食の大切さを学び
息子のてんかんとの付き合い方が変わる

古民家ゆめの森こども園 管理責任者 **高畑由紀子**

私がゆめの森こども園で働かせていただくようになり、もうすぐ5年になります。

ゆめ森を知るきっかけは中3の息子でした。

私の息子は1歳の頃からけいれん発作が度々おきて、その後てんかんと診断されました。処方されるがままクスリを飲み続けていました。息子の日頃の言動や、クスリを飲んでも発作がおさまらないことに疑問を抱きながら……でもどうしていいか分からず不安な毎日を過ごしていたのです。

息子の子育てに役立つ情報がほしい。そう思いながら転職を考えていた時、子どもに関わる仕事がしたい！と思いました。直感を信じて、義妹に話したところ、「知り合いがいるから聞いてみるね」と連絡をしてくれたのが前島社長でした。


社長に初めてお会いして息子のことを話したら、まるですべてを知っていたかのように理解してくださって、その上とても親身に話を聞いてくださり、「息子さんも一緒にゆめの森においで」と言っていただいて、嬉しくて嬉しくて涙が出たのを覚えています。

働き始めた頃、感情がコントロールできずすぐに暴れる子や、偏食がひどく一口も食べられない子、表情も暗くほとんど喋らない子など、いろいろな子がいて、苦しみを抱えた子どもたちにどう接していいのか分からず、とても戸惑い、悩みました。

でも、そんな子どもたちを、子どもの荒れた言動や態度、行動を見るのではなく、その子の抱える家庭的な背景や感覚過敏からくるしんどさを受け入れ、本気で子ども一人ひとりの幸せな将来を見据え、接しておられる社長の姿を見るごとに気づかされることがいっぱいありました。


また、食の大切さと共にクスリの持つ危険性を知ったことは、私にとってとても大きな衝撃であり、転機でもありました。まずは今の自分に出来ることから少しずつ変えていこう…と思い、食生活を意識するようになりました。

そして、とても勇気がいりましたが、思い切って、てんかんのクスリをやめました。病院の主治医からは「飲んだら治るとか、発作は起きないとは言えませんが、飲まないのは危険です。なぜ飲ませたくないのですか?」と冷めた目で見られました。もちろん初めは不安でした。でも、脳や体に必要な栄養素に着目し、それが摂れる食事をしっかり心掛ける。このまま、一生飲み続け、深刻な副作用も心配されるクスリに頼るのではなく、自然な療法を学び、今出来ることを精一杯して、子どもの持って生まれた生きる力を信じる。いつも社長が言っておられる言葉が大きな勇気になりました。

その後も食事に気をつけ、胚芽米、雑穀、大麦で腸を整え、良い油を心掛け、ミネラル、カルシウム、酵素、そしてそれをしっかり吸収するための酸（酢の物）を毎日の習慣にしました。そうやって生活習慣を食事から整えていくことで、何度か発作は起きたものの、そのうちに息子自身が、発作が起きそうになると、その予兆を感覚的に感じ取れるようになり、倒れないようにその場に座りこんだり、先生に伝えて保健室に行ったりするようになったのです。

そうしながら、定期的に起きていた発作がだんだんとなくなっていきました。今は中学校でテニス部に所属し、自分の体調と相談しながら、元気に生き生きがんばっています。私たち親子を救ってくださった社長に感謝の気持ちでいっぱいです。また、息子や私をいつも応援してくれるスタッフにも心から感謝しています。

いつも笑い声の絶えない、和気あいあいとしたゆめの森の雰囲気が、苦しんできた子どもたちの安心できる居場所となり、その子らしく、その子のペースで伸びていける場所なんだと感じています。

こうしてゆめの森で働くことが出来て、本当に幸せです。今年度から古民家の管理責任者となり、責任を感じていますが、少しでもゆめ森の力になれるよう、スタッフみんなと力を合わせてがんばっていきたいと思っています。

■スタッフ手記7

「子どもたちの幸せな将来のために、ゆめの森でしっかり学びたい」

キッズコミュニケーションサポートゆめの森こども園 管理責任者　高橋幸乃

私は、ゆめの森に来るまで、30年近く出雲市内の保育園に勤務し、クラス担任をしたり、園内に置かれた子育て支援センターの担当をしたりしていました。しかし、高齢になった主人の両親の介護を考え、保育園を退職。仕事と家庭が両立できる仕事をしようと思っていました。ハローワークで仕事を探している時「大家族のような家庭的な雰囲気を大切にし、自然の中でのびのびと子どもたちが過ごせる場所」というキャッチフレーズの求人に魅せられ、伺ってみました。

初めて訪れたゆめの森こども園には、元気のよい子どもたちの声はもちろん、それ以上にスタッフの明るく楽しそうな笑い声が響いていました。初対面の私を迎え入れてくれたスタッフさんもとても優しく、初めて来たとは思えない安心感でした。そこでお会いした社長から放たれる温かいオーラと子どもたちへの熱い思いに触れ、私は今まで自分が保育をしてきた中で出会った子どもたちを思い出していました。感情が抑えられず泣きわめく子、すぐに奇声を発してしまう子、友だちに乱暴な行為をしてしまう子、一つの遊びに集中できず、落ち着いて活動に取り組めなかった子たち……。

知識がなかったとは言え、気になる子やその親御さんに対し、受診をすすめ、発達障がいと診断されると、出される向精神薬を半信半疑ながらも受け入れていました。そのことを悔い、私がこれからすべきことは、子どもたちの幸せな未来のために、ここでしっかり学ぶこと。そう強く感じました。

前島社長に保育園を退職する理由だった義理の両親の介護についてお話しすると、「家族が一番だから、無理をしないでスタッフとカバーし合って働いてくれたらいいよ。大変な時はお互い様。ここはみんなそうやって働いているから大丈夫」そう笑顔で言ってくださり、ただただありがたく嬉しくて、涙が溢れたことを今でも忘れません。

ゆめの森こども園のスタッフになり、初めは今までの対応との違いに戸惑ったり、元気すぎる子どもたちに対してあまりの自分の体力のなさに自信をなくしそうになりましたが、どんな時もスタッフみんなが話を聞いてくれたり、相談に乗って助けてくれて、本当に家族のような温かい職場だと思っています。

私は、昨年末より一園目（キッズコミュニケーションサポートゆめの森こども園）の管理責任者になりましたが、今は至らない私をスタッフみんながカバーしてくれて、楽しく充実した日々を送っています。これからは、ゆめの森がどんどん地域に開かれた場所になっていくことを願っています。また、そうなるように、全国の子どもたちのために東奔西走している社長に代わって、ゆめの森の現場をスタッフみんなと盛り上げ、守っていきたいと思っています。

■スタッフ手記8　「仕事をする姿が子どもたちの手本となるように」

事務長　奥井康輔

僕は大学3年生の終わりの時、いきなり何かに取り憑かれたように気分が落ち込み、何も手につかない状態になりました。この状態では学校にいても意味がないんじゃないかと思い、1年間休学することにしました。

実家に戻りゆっくり過ごしていた時、幼い頃から近所に住み、家族ぐるみで付き合っていた前島さんから、家でそうしているのはもったいないから、ゆめの森に来て、子どもたちと関わってみないかとお誘いを貰いました。

最初は、毎日家にいてもやることがないし、とりあえず行ってみようという思いで出掛けてみました。それまでの経験の中で、子どもたちに関わることはほとんどなかった自分でしたが、行ってみると、とても楽しく過ごすことが出来ました。

そうする内に、重かった心もずいぶん軽くなってきたため、大学に戻ることにし、残っていた卒論を書いて無事卒業することが出来ました。


卒業後は実家に戻り、就活を考えていましたが、ゆめの森での経験が楽しかったことが自分の中にあったため、他の内定を断り、ゆめの森でお世話になることに決めました。

自分は大学の専攻も理系の人間だったため、療育のような仕事は、全く未知の世界でした。最初は療育が何なのか、子どもたちに対して、何をどうすればいいのか、さっぱり分からなかったのですが、子どもたちへの関わりを社長や先輩にアドバイスを受けながら、気をつけたり変えていくことで、子どもたちが徐々に落ち着いたり、僕に対する信頼を見せてくれるようになりました。

そうした日々の経験から、実感として、子どもは関わりで変わるんだということに気づいていきました。忙しい毎日の中でも、子どもたちが何かにつけて近寄ってきて関わりを求めてくれることは、大変ですが嬉しいことと感じています。

今は、事務長という立場での僕の仕事も、子どもたちはしっかりと見ているため、子どもたちには仕事に向かう大人の姿としても、お手本になるようにしっかりがんばっていかなければと思っています。

僕のように、将来はゆめの森で働きたい！とはっきり宣言するヤンチャな男の子たちも多いので、なおさらです。まだまだ失敗の多い毎日ですが、これからも子どもたちと共に僕自身もしっかり成長していけるようにがんばっていきたいと思っています。

最後に――お母さんたちの声、お母さんたちの力が現状を変える

今回、次の第2章でゆめの森に集まってくださった二人の校長先生とのお話も掲載させていただきました。二人の校長先生は「学校として、困っているお母さんたちのためにもっといろいろなことをしてあげたい、けれども今の学校の現状では思うようにそれが出来ない。ゆめの森のような、子どもたちが救われる場所があって良かった。そしてこういう事業所と連携できて学校はありがたい」と言ってくださり、本当にありがたく思っています。

全国でもこうした学校が増えていくことで、苦しむ親子が少なくなっていくと思いますが、まだまだ学校には「守秘義務」が根強く存在し、それにより連携がスムーズにいかないケースも残念ながらあります。

そこには、蔓延《まんえん》する劣悪な犯罪や、学校での事故や事件など、警戒心を高めざるを得ない社会状況があるのですが、そうしたネガティブな情報ばかりにスポットを当て、誰もに「明日は我が身」という保守の意識を植え付けてきたことが、「守秘義務」というよ

うな人と人との関係をどんどん希薄にし、断絶していく社会の仕組みを生み出していったのだと思います。これにより、学校の中でも先生、生徒、保護者が昔のような信頼関係を結ぶことがとても難しくなっているのを、現場での支援を通じて感じています。

本来、人の心はもっと自由でオープンで、生き生きと輝けるはずなのですが、不安や恐れに支配され、「人を簡単に信じてはいけない」という空気が社会のあちこちで漂うのは、やはりマスコミの影響が大きいと感じています。

今こうして全国で講演させていただくようになり、本当にあちこちで嬉しい話、素晴らしい実践者の方々のお話を耳にします。なのにどうして、こんな話がニュースにならないのだろう？　どうしてテレビを付けると暗いニュースばかりが流れているんだろう？と不思議に思うようになりました。

私たちの心は、こうした限られた情報によって常に操作され、人として生きていくうえで最も大切なものを失ってきたように思います。そういった話をお母さんたちとしていると、皆さん「本当にそうだねぇ〜」と共鳴してくださり、そんな話をする機会を望まれます。そうしているうちに、学校や先生方に向けていた不満や責める気持ちが和らぎ、「先生も大変だよね。本当はよくやってくださっているよね」という会話が増えていきます。

このお母さん方の変化こそ、学校を良くし、子どもたちの心を解放させていくことにつながると思っています。こうした、相手を思いやり感謝の心を取り戻す保護者が増え、その声と力が集まれば、必ず、今暗闇の中にある教育界にも光が差すと信じています。

〈特別寄稿〉

子どもの向精神薬服薬を考える

市民の人権擁護の会　日本支部 支部長　小倉 譲

信頼性のない調査でつくられる「発達障がいの可能性」の子どもたち

２０１３年12月5日、文科省が「小中学生の6・5％が発達障がいの可能性」という結果を発表しました。その影響は非常に大きく、発達障がい者が6・5％もいるという数字だけが独り歩きし、保護者や教職員にも動揺が広がりました。

しかし、当該調査は医師によって判定されたものではなく、児童生徒の特徴や振る舞いを教職員が主観的に点数化して判定したものであり、「発達障がいの可能性」とする表現自体も不適切で非常に誤解を招くものです。なぜならば、勉強のつまづきなど、本来は教育上の支援によって対応すべき児童生徒までもが、「先天的な脳機能障がい」と過剰に分類されているからです。

全く同じ形式でなされた前回調査と比較すると、調査の留意事項に「発達障がいの可能性のある特別な教育的支援を必要とする児童生徒の割合を示す」という表現が含まれています。あくまで支援を必要とする児童生徒の実態把握であったはずの調査が、いつの間にか発達障がい発見のスクリーニングとして使用されていることを示します。前回の調査やそれを踏襲《とうしゅう》した地方教育委員会の調査の手法に対し、科学的、倫理的観点から批判が相次ぎましたが、そのような声を無視し、信頼性のない6・5%という数字を「発達障がいの可能性」として前面に出したことに大きな問題があります。

この調査やその発表を懸念する理由は、不安に駆られた教職員や保護者による、魔女狩り的な発達障がい探しが教育現場で起きてしまう危険性があるからです。事実として、発達障がい支援が進んでいるとされる欧米諸国では、教育現場を中心に過剰な医療化という現象が生じ、発達障がいの過剰診断が起きています。発達障がいに関する疾患概念が非常にあいまいであるという事実が見逃されたまま、科学的ではない主観的なチェックリストが診断／スクリーニングツールとして導入されたことがその主な原因です。そしてそれに伴う過剰な投薬が、子ども・青少年の心身に深刻な悪影響を与えています。

「発達障がい」に科学的根拠はない

現在、多くの発達障がいとされた子どもが精神科で治療を受けていますが、教育現場から精神科へとつながれるケースが非常に目立ちます。しかし、そこには本来教育的支援で解決するはずの勉強のつまづきや、ともすれば教師側の指導力不足までが、児童生徒の「発達障がい」とすり替えられ、不要に医療へとつながれる実態があります。発達障がい者支援法などによれば、「発達障がいの原因は脳にある…」とされており、こうした問題の行動という側面から観察し、その兆候を早期に発見し、早期に精神科医療に受診させるべしとして、議会・行政・学校・保護者への周知徹底がはかられています。具体的にはそれらを行なう行為を「療育」と命名し、各自治体でも「療育センター」などでこれが推進されています。

しかしながら、「発達障がい」に関し、それが脳内化学物質の不均衡によって起きているとされてはいるものの、実際のところ、それを裏付ける客観的・科学根拠が存在せず、かつ脳内化学物質の分泌状態を検査する生化学的検査手法も存在しないという事実が存在します。よって、この発達障がいが本当に脳内化学物質の分泌不均衡によって起きているのかどうか、ということ自体極めて疑わしいと言えます。このことは発達障がいを病気であると定めたアメリカ精神医学会が刊行している「ＤＳＭ（精神障がいの診断統計マニュアル）第４版」のタスクフォース委員長を務めたAllen Frances, M.D氏もそれを認めています。

向精神薬は神経をかく乱させる「神経毒」

かかる状況の中で、こうした診断を受けた子どもたちには「コンサータ」「ストラテラ」「インチュニブ」「ビバンセ」などの薬が投与され治療が行なわれますが、これらの薬に対する警告・注意は先行発売されていた諸外国では既に２００４年の時点で「自殺企図」「自殺念慮」「他害行為」「攻撃性」「行動障がい」「思考障がい」「記憶障がい」「突然死」などの副作用が発表され、その後その使用に関する規制が設けられています。

我が国の厚労省が承認する医薬品添付文書の「警告」や「重大な基本的注意」「副作用」欄に於いても、これらの薬には自殺を助長したり、却《かえ》って興奮状態にさせたり、あるいは昏睡状態に陥《おちい》らせるなどの生命に関わるような副作用が65~80%も発現する旨が明記されています。

発達障がいのため…ということで使用されている向精神薬の中には「麻薬および向精神薬取締法」や「覚せい剤取締法」などの規制対象となっているものもあります。仮に同法の規制対象とはなっていないものであっても、作用・影響上は麻薬となんら変わらないものです。また向精神薬や麻薬は基本的に神経毒（神経機能かく乱物質）です。神経毒と言えば農薬や殺虫剤も同じです。

近年、食物には多くの農薬や殺虫剤などが使用されています。こうした物質が子どもたちの神経の状態をかく乱させ、いわゆる「発達障がい」と言われる状況（行動性）の原因となっている可能性は大きいものと言えます。しかし精神医療ではそうした原因には一切目を向けず、単に現れた状況（行動性）を消失させるために別の神経毒（＝向精神薬）を飲ませるということをやっています。これは全く理に適《かな》っていません。

国連・子どもの人権条約委員会が２０１９年2月に日本政府に対して行なった勧告に於いても、ＡＤＨＤと診断された子どもに対して薬物治療を行なわないようにする旨の文言が記載されています。しかし、残念ながらこうした事実があることは処方権限者である精神科医から知らされておらず、漫然と処方がされています。

真に必要な援助を子どもたちへ

保護者も教師も良かれと思って…ということではあるものの、実際にはほとんどの子どもたちは「障がい児」↓「障がい者」となり、就労も「障がい者枠」での…という人生を歩むことになってしまっている事例がたくさん見受けられます。つまり、発達障がいの専門家という人々（主に精神科医）は発達障がいと言われる問題を解決できていないのです。むしろ、解決策として使われる薬によって却って状況が悪化していることのほうがはるかに多いのです。

子どもたちは「病名のレッテル」や「危険な向精神薬」を求めていません。子どもたちが求めているのは親子の間の愛情に溢れる会話であり、勉強のつまづきを解決してくれる先生であり、共に成長する友だちであり、問題の解決に協力してくれる大人たちであり、十分な栄養、そして生き生きと遊べる場所です。

教育の分野に精神医学が介入してきたのは1980年代から顕著ですが、精神医学の介入によって教育現場は改善・向上をしてきたでしょうか？　児童生徒の問題は解決してきたでしょうか？　むしろ学力ややる気の低下、校内暴力、不登校、薬物事案の増加、性犯罪に巻き込まれる生徒は間違いなく増えています。

どうか安易に権威や専門家の言葉を盲信することなく、〝事実〟をつぶさに観察していただき、真に必要な援助を子どもたちに差し伸べられんことを切に希望するものであります。教育現場を過剰な医療化の現場へと変えることで子ども・青少年の未来を奪うことのないよう、そしてこれ以上国民の命や健康に危害を加えるようなずさんな専門家を育てることのないよう、徹底した事実の公表がされ、国民遍《あまね》くこの事実を知ることが問題解決への第一歩です。

〈特別寄稿〉

保育園、子ども園、幼稚園での食の見直しを

東京大学名誉教授　日本保育学会会長　汐見稔幸

今日本の各地で、もう一回子どもたちを深い所から守ろうという視点で新しい試みが保育の世界で始まっています。

今回、前島さんが本書で伝えようとしていることのひとつは、もう一回人間の育てを食というものに戻って考え直そうということです。

人間を育てる時に昔から、知育、徳育、体育があると言われていたのですが、明治の初めに「いいや、それだけではない。食が人間を育てるんだ」「食をきちんと位置付けて、正しい食事をすることによって、人間の最も大事な身体というものが育つんだ」と、食

育が言われるようになりました。

人間の身体は、その人が食べたものによってつくられる。何を食べるかによってその人が病気になりやすくなったり、あるいは身体のあらゆる機能に問題や障がいが生じてきたりする。そのことをよく知った上で、正しい食事、正しい摂り方というものをきちんと教育することが、人間が生きていく上でとても大事なことなのだ。そこでこれを「食育」と言ったのです。

今、私たちはこの「食育」に取り組もうとしているのですが、その根っこには、これが人間形成の一番の原点なのだという思いがあります。

今、子どもたちが摂るものの中に本来自然界の中にはないようなものが様々な形で入り込んでいます。農業でひとつの作物を大量に生産すると、どうしても土から同じ栄養がずっと取られていくわけですから、土の生命力が弱くなります。そのために肥料をたくさんやる。しかしその肥料が人工的な肥料ですので、どうしても育つ作物の生命力が弱くなります。そうすると作物は病気になりやすくなる。それを今度は農薬でカバーしていく。人工肥料と農薬はそういう形でセットになっているわけです。

しかしそういう農業を続ければ続けるほど、実は土中の微生物なども殺されてしまい、土そのものの生命力がさらに弱くなっていきます。

そうするとまた人工的な肥料を……という形になり、自然の中には存在していないものを私たちや子どもたちが摂るということになるのです。

そこで健康のためにと、有機農法等が開発され、できる限り自然に則して、肥料にしても人工的な肥料ではなく自然に出来る肥料を大事にしていこうということが始まっています。

そこからさらに進んで、例えば原っぱの草には誰も肥料や農薬をやっていないけれどもどんどん生えてくる。あれはもともと自然が持っている生命力なんだということで、自然の論理に則した農法、すなわち「自然農法」という形で育った食べもの、野菜等を子どもたちに提供していこうというところまで今きています。

そして、果物や野菜をつくっている農業の方々がそのことに感銘を受けて、自らも同じことをしてみようという活動が、今少しずつ広がっています。

発達障がいと言われる障がいも、食べものだとか、あるいは生活の仕方や生活リズム、そういうものによってある程度克服されるという事例もたくさん出てきています。

子どもたちを本当に守ろうとするのであれば、普段の保育の中身はもちろん大事ですが、毎日摂らざるを得ない「人間の身体をつくる食べもの」というものにもう一度注目し、子どもたちが本当に健康に育っていくものを提供していく、そういう新しいうねりをつくっていこうというのが前島さんたちの取り組みです。

このことを、本書をきっかけに、各保育園や幼稚園において、園長、理事長を通しながら、みんなで議論してほしいと願います。そしてそのことの知識については貪欲になっていただきたい。そして共鳴する人たちを保護者の中で広めていったり、あるいは実際に農作物をつくって提供しておられる方にもそういうことの大事さというものを伝えていって、日本全体で保育園、子ども園、幼稚園から食の見直しがうねりのように始まっていく、そういう気運を高めていきたいと思っています。

子どもをもっともっと深い所から育てていく、そういうことの大事さを、日本の常識にしていっていただきたい。それが本書をお読みくださった方に私からお願いしたいことです。

皆さん、がんばりましょう。

第2章

学校が子どもの居場所であるために

―小学校校長との座談会より―

座談会にあたって――学校や行政との連携の壁

この度、本書の出版にあたりご協力くださった校長先生方の学校のように、療育支援事業所と学校が積極的な連携が取れれば、子どもたちの将来は大きく変わってくると思っています。

学校は今、思いはあっても、昔のように一人ひとりの子どもの様子をよく見て対応する余裕は残念ながら全くありません。それは学校の問題ではなく、国の問題だと思っています。その問題は、単なる教員不足や、カリキュラムの問題ではなく、根本的な「教育」の捉え方、方向性が全く違うのだと感じています。

今、発達障がいと呼ばれる子どもたちは、今の教育にはっきりとNO！を突きつけているのだと思っています。誰のための教育なのか……子どもたちは、社会でエリートと呼ばれるポジションに就くために生まれてきたわけではありません。心から幸せだと言える人生を送るために生まれてきたのです。

だとすると、誰のための教育なのでしょう？　何の疑いもなく、長く続いてきた日本の教育の中で育ってきたのが私たちです。その私たちがその教育によって幸せになれていたなら、今のような社会にはなっていなかったはずです。子どもたちの支援で学校現場にお邪魔しても、先生方の生き生きとした笑顔に出会うことは少なく、むしろストレスや過労で体調や心のバランスを崩されている先生が多いことが気掛かりです。

子どもたちも「通常学級」と呼ばれるクラスに心配な子が増え、全国的に教室で授業を受けず、別室（空き部屋）対応で過ごしている子どもたちが大勢います。

各地でこうした実態をきちんと調査し、公表することで、国民は学校の実態を把握し、今こそ「日本の教育の在り方」を本気で抜本的に見直す時が来ていると感じています。

また、発達障がいの子どもたちの療育支援は福祉サービスのため、行政機関との連携も欠かせませんが、こちらも財政上の問題等から、一人ひとりの子どもに必要な支援を十分に提供できない現状があったり、制度的な面の見直しも必要なことが多いのですが、その実情は明るみに出ないまま、増え続ける「発達障がい」と診断される子どもたちへの対応は遅れる一方です。本章で登場してくださる校長先生方とは普段からその辺りについても率直に意見交換させていただいており、ありがたく思っています。

こうして、それぞれの立場から子どもたちの未来を本気で考え、今本当に何をしていかなければならないのかを具体的に話し合い、行動を起こしていくことが急務だと感じています。

M校長先生　カナタくんのケース

前島　まずは、カナタくん（第1章 実例3 57頁）の学校の校長先生だったM先生にお話を伺いたいと思います。カナタくんの事例も全国でお話をしているのですが、先生がカナタくんに初めて会ったのは。

M校長　4年生の時でした。

前島　M先生が赴任される1年前の3年生の時、カナタくんは学校に行けなくなりました。赴任してこられた時はカナタくんの状態が良くなくて、先生はよく気にかけてくださっていましたね。

カナタくんは視覚過敏が強くて人の目が怖いので、校庭に何人かの子どもがいると、もうそれだけで学校に入ることが出来なかった。だからいつも人気のない裏口からスッと入り、入口に近い一番人の目につかないお部屋を使っていました。

M先生は、学校で開かれる支援会議に必ず出席してくださり、お母さんをはじめ関係者の話をじっくり聴いて、ご自身の意見や提案をしてくださいました。

お母さんと一緒に食を見直し、少しずつ視覚やその他の過敏性が治まってきているのを感じるようになってきた段階で、M先生に「カナタくんと一緒に少しずつ教室に入ってみたいと思うのですが……」とお伝えしたところ、「よろしくお願いします！」と言ってくださったのです。

国からは、教育と福祉の連携が促されているものの、実際は、学校に福祉事業所が支援に入ることは、検討させてほしいと言われる学校もまだあるのが現状です。その中で、逆に頭を下げてくださる校長先生に感謝の気持ちでいっぱいでした。

M校長　私が赴任した時、発達障がいと診断のついた子や不登校の子どもは何人かいました。ほとんどの子が医療に掛かりますが、医療は向精神薬を処方して薬で様子を見ます。しかし、医療に掛かればそれでよしというわけではなく、その後の学校での支援が大事です。

カナタくんの場合は、発達障がいという特性からの不登校の状況がありました。この両方を併せ持ったお子さんには、医療だけではなく、学習支援というアプローチも必要です。そこにカウンセラーさんが関わったり、市の不登校傾向の子が行く適応指導教室の紹介などを行ないます。市内にもそれに当たる場所はあるのですが、現実には、カナタくんのように感覚過敏で不登校になっている子にとっては、学級の雰囲気に近い場所は合わない。もっと他の居場所が必要だと思っていました。それがゆめの森こども園だったのです。

また前島さんと出会い、前島さんの講演を聞いたこともあったので、前島さんが「薬でなく食の力で子どもを改善させようとしておられるんだな」ということも知っていました。お母さんから「薬を飲ませない」とお聞きした時、国から医療連携は言われているけれど保護者さんが選ばれていることだし、これもひとつの方法なんだろうなと思いました。何より「食」だけでなく前島さんが関わりの面からもしっかり不登校の子どもたちをサポートされていることがすごいなと思いましたね。

単に食生活を変えるだけではなくて、本人、保護者へのアプローチ、教育相談的なアプローチもしておられる。カナタくんは学校には来れなくても「ゆめの森」には来て、プリントなどの学習もしていました。また前島さんは生活面でもいろいろな働きかけをされて、苦手なことに挑戦していくために説得をしたり約束をしたり。そういうところはものすごく教育的なアプローチだと思っています。本当に両面をやっていらっしゃるなというのがあったので、このスタイルが必要ではないかと私は思ったのです。

相談支援員の方、作業療法士や心理療法士の方々など、それぞれの角度からの支援も入り、定期的に学校で支援会議を開き、お母さんを交えてしっかりとカナタくんの将来に向けて話し合えたことは、本当に大きかったと思います。

前島　校長先生であるM先生が学校内での支援を快く受け入れてくださっていたので、教員の先生方も同じように温かく受け入れてくださり、普段通りの支援が出来たことはありがたかったです。

M校長　子どもの将来まで考えたら、学校関係者だけでなく、いろいろな人たちの支援の力を借りなければならないので、それは当然のことだと思っています。

前島　M先生は校内で会うと「お茶を飲んでいきませんか」と校長室に呼んでくださりお時間のある限りお話ししてくださいました。

M校長　あれはやはり、前島さんがどう考えていらっしゃるのかを知りたかったし、正直こちらとしては、どんな方法でもいいから、カナタくんを何とかしてあげたいという思いがあった。それが行政的なものであれ、民間のものであれ、その子にとっていい状況がつくれればいいと思っています。

ですから担任にも、「この子の場合は、前島さんがしっかりと関わっておられるから連携をとって計画を一緒に立てて」と言っていました。カナタくんは5年生の後半にはほぼ教室で過ごすことが出来るようになりました。

算数は好きだったので「算数の時間に来よう！」とスモールステップで、算数の時間に前島さんと一緒に来て、1時間だけ授業を受けるということをやっていました。その間、前島先生には駐車場で待っていただいていましたね。

前島　小学3年生で出会ったカナタくんは、暗い表情をしていました。この子を笑顔にしてあげたい……そんな気持ちからのスタートでしたが、時には厳しいことを言う私に、悔しそうな顔をしたり、拗《す》ねて怒ったり、時には取っ組み合って突き放したこともありました。

でも、その度に絆が深まるのを感じることが出来たのは、どんなことがあってもカナタくんの未来を守る！その覚悟がカナタくんに伝わったからだと思っています。小学6年生になって思春期の大きな揺さぶりに、再び教室に上がれなくなるという時期もありましたが、それでも、これまで越えてきた苦しい道のりを一緒に思い出し、乗り越え、最後は立派に卒業式の壇上で校長先生から卒業証書を受け取る事が出来、感無量でした。

今、カナタくんはゆめの森を卒業し、夢の卓球部に入り、元気に中学生活を送っています。

F校長先生　ユウキくんのケース

前島　次は第1章 実例4で紹介したユウキくん（65頁）の校長先生、F先生にお話を伺います。

F校長　私がA小学校に赴任したのは、たしかユウキくんが小学校2年生の頃だったと思います。ユウキくんが2年生の時はあまり印象がなくて、少し気になり始めたのが彼が3年生の時でした。教室に行くと授業中に教室の入り口の柱に登って、セミになって、「ミーンミーン」と大きな声を出したりしていました。ユウキくんは集団の中で生活することがすごく苦手なところがあって、教室から出て行ってしまったりしていました。

ユウキくんに寄り添おうとする担任、授業中に歩き回るユウキくんに自分の仕事をおいて見守る先生など、教員も大変そうでしたが、それ以上にユウキくんの苦しさが伝わってきました。

そんなユウキくんに対して学校でどんなふうに対応していくかという、教育・福祉・医療などの関係機関が集まって開く支援会議に参加し、いつも一緒に話をさせてもらいました。その時に、学校として、ゆめの森さんと協力していきたいと思ったきっかけが2つあります。

ひとつは、ゆめの森でユウキくんが生き生きと活動している写真をいつも前島さんが支援会議に持って来てくださって、その写真を見ると、ユウキくんが学校では見せない楽しそうな表情でいろんな活動をしたり友だちと関わったりしている。「ああ、こんなふうに過ごせる場所がユウキくんにあるんだなあ〜」と思ったこと。もうひとつは、ユウキくんが教室でみんなと同じように生活が出来ないので、まずは彼に合ったペースや場所で過ごしながら徐々に教室に戻れるようにしてあげたいなと思った時に、その場所も人手も学校にはなかったことです。

それをゆめの森さんがしてくださった。「まずは午前中に1時間でもいいから教室で過ごし、その後はゆめの森で過ごすというのはどうでしょう」と前島さんが提案してくださって、徐々に教室にいる時間を延ばしていくという取り組みをさせていただけたことは大きかった。しかも最初、前島さんがその1時間を教室でユウキくんに付いてくださり、ユウキくんが前島さんが側にいることで安心して授業が受けられ、そのことを担任や他の教員にほめてもらったことで自信につながり、次のステップへと進んでいけたと思っています。

またユウキくんは朝、集団での登校がなかなか出来なかったのですが、集団から外れると学校としては安全面の心配もありますので、そこも前島さんが自宅から付き添って歩いて来てくださったり。こうした支援で少しずつ学校で過ごすというリズムがユウキくんの中に無理なくついてきたことは本当に良かったなと思っています。

そうやって一人ひとりのペースに合わせ徐々に学校生活に戻していけるのが一番と思っていましたので、私もM校長と同じで、行政だとか民間だとか全く意識せずにやっていました。

前島　そう言っていただけて、私のほうこそありがたかったです。

F校長　ゆめの森での彼の様子を支援会議で聞くにつれて、学校では気づけなかった彼の良さが分かりました。例えば小さな子どもの世話をよくするとか、リーダーシップを取ってみんなとルールのある遊びを上手に楽しむというようなところです。学校ではイライラが先に立ち、本当はやりたいけど出来ないでいることを、ゆめの森ではしっかりと出来ている。そこでの関わり方や配慮を伺うことで、学校での対応のヒントにもなり、とてもありがたかったです。

前島　こちらこそです。ゆめの森では、どの子の支援会議にも日頃のゆめ森での様子を知っていただくために、その子の過ごし方の様子を1枚のプリントにまとめ持って行きます。学校、福祉、行政など、支援会議出席者の皆さんに配って見てもらうことで、ゆめの森での生き生きとした姿を共有していただき、今後の関わりや取り組みについて参考にしていただきながら話し合っています。

ユウキくんの場合も、学校ではどうしても荒れてしまい、イライラやクシャクシャした気持ちから取る行動で注意されたり、叱られることが多かった。そんな中、ユウキくんの生き生きした姿を見ることがなかったF先生は驚きとともに、どうしたら学校でもこんなふうないい表情のユウキくんにしてあげられるのだろうと思ってくださった。

ゆめの森に来た当初、ユウキくんは学校が苦しくて全く行けなくなっていたので、学校の話題には一切触れず、毎日朝からスタッフみんなで温かく迎え、来る日も来る日もユウキくんの好きなように過ごさせていました。夏休みも終え、断薬も乗り越えて落ち着いてきた頃、「ユウキ、そろそろこれからのことを話そうか」と二人で静かな部屋に入り、じっくり話し合いました。

「しばらく学校のことは忘れて、好きなことをいっぱいしてきたんだけど、これからどうしようかねー？」

「うーん、分からん…」

「正直な気持ちでいいんだけど、このままずっと学校に行かなくてもいいと思う？」

「それは自分も嫌だし、いけん（ダメ）と思う」

「何で？」

「だって社長（私のこと）いつも言ってるじゃん、やりたいようにだけやってたら、がんばる力がつかないって」

　ユウキくんは、ちゃんと分かっていました。自分で考え、判断できる心がしっかりと身についてきたことをたくさんほめ、その上で「じゃあ、少しずつ前島さんと一緒に学校に行ってみるか」「うん！」というわけで、壁にかけてあったカレンダーを外して、いつから学校に復帰するかを決めて○をつけました。そして学校に連絡をして、私と一緒に学校に行き、1時間から教室で過ごす挑戦が始まりました。

最初は私が隣にいることで良かったのですが、だんだん集団の中で落ち着けない特性が出てきて、授業の最中に余計な発言を大声でしたり、机をガタガタさせたりが始まるようになりました。

ゆめの森に帰って反省会。「あと一歩だねー。みんなの邪魔になるようなことは、がんばって自分をコントロールしないとね。自分がどこをがんばるかをちゃんと決めて、がんばるところは、がんばらないと力はつかないよ。どんなに素晴らしい力を持っていても、苦手なところを踏んばる力がないと花は咲かないんだよ」

そうやって、一日一日を積み重ねていくうちに、担任の先生に任せて1時間、2時間と教室で過ごせるようになりました。次は車の送迎をやめて歩いて登校をがんばろう！となり、私と一緒に自宅から学校まで歩いて登校することからスタートしました。そして次は、自宅を一人で出発する時間を決め、私は途中まで車で行き待ち合わせました。

ユウキくんが出発するその時間には、お母さんは仕事で家を出ているため、ユウキくんは自分で時計を見て出発しなければなりません。大丈夫かなぁ……不安に思いながら、約束の場所で待っていると、ちゃんとやって来ました。私や学校の先生にたくさんほめられて自信になったのか、翌日からもトントン拍子で一人で登校出来るようになりました。

私の中では学校に行けるようになることが目標ではないので、ユウキくんだけでなくいつも子どもたちに言っていることがあります。それは「学校に行っても100点を取るために勉強することが大事なんじゃないんだよ。自分の好きなこと、得意なことをどんどん伸ばして、将来それが仕事になったらいいねー。そのためにがんばる時はがんばる力をつける。そのために少しは学校も行くんだよ」。

するとユウキくんは「オレ、料理がやりたいんだよな」と言いました。じゃあ「一流のシェフを目指してやってみたら？」ということで、ユウキくんのためにゆめの森でフライ返しを練習するためのマイフライパンを買いました。

するとユウキくんはフライ返しを一生懸命練習して、家でも卵焼きが上手に焼けるようになり、それまではみんなと自分を比べて自信がない、自己肯定感を持てないことからイライラしていたのが、「オレにはこれが出来る」という自信が芽生え、次第に焦りや不安が消えていったのです。

そうなると学校への前向きな気持ちも出てきて、「ユウキの学校での課題は授業中に席を立って歩いたり、みんなの邪魔をするような発言をしたりしてしまうこと」、そう話したら、「がんばる！」と言ってさらなる挑戦につながっていきました。

F校長　この間、登校の時に、優しいユウキくんらしいエピソードがありました。学校へ一人で歩いてくる途中に、首輪をつけた犬が逃げていくのを見つけて追いかけて行ったようです。追いついてつかまえて首輪を見たら住所も電話番号も書いてあった。「ああ飼い犬だな」と、彼は学校の玄関に連れて来て「先生、この犬の飼い主に電話かけて迎えに来てもらってください！」と。学校では予定の時間に到着しないユウキくんをみんなで心配していたのですが、そんなユウキくんに教員も思わず笑顔になりました。

それは、担任をはじめ多くの教員たちが、ユウキくんのために一生懸命努力していたからこその笑顔だったと思います。ユウキくんが早く登校する必要がある時期には、担任は毎朝6時に家を出て学校を開けて玄関で待っていてくれました。またユウキくんが授業中、校舎内を歩き回っている時には、自分の仕事をおいて、ユウキくんについてずっと話し相手になってあげている教員もいました。ここでは紹介しきれない、そういう教員一つひとつの関わりも大きかったと思います。

前島　学校にユウキくんをお迎えに行った時に、「今日は〇〇をすごくがんばりました！」と良かったことを先生方がスタッフに伝えてくださる。そうするとそれをお母さんにも伝えることが出来、スタッフ間で共有することも出来るので、みんなで本人をほめてあげることが出来る。そういう連携がとても大きく、大切なことだと思っています。

発達障がいと呼ばれる子どもたちは大人の目には困る行動が目につきやすいため、注意されたり、叱られたり、指摘されることが多い。だから自然と自己肯定感を落としている。その結果（どうせ自分なんか……）という気持ちから殺伐《さつばつ》とした言動になっていくこともよくあるのですが、少しがんばったことを家族や先生、いろんな人にほめてもらう。このことが顔や態度には出さなくても、どれほど嬉しく大きな自信になっているのか知れません。

またユウキくんは、人前で自分の気持ちを話すことが苦手でした。今、どう思っているのか、何が嫌なのかを言葉で相手に伝えることが出来ずに、イライラして、拗ねて物に当たって自ら自己肯定感を落としていたので、学校の先生方とも話し合って、まずは声を出して挨拶をすることに挑戦することにしました。朝登校したら、職員室のドアを開けて「ユウキです。おはようございます」と元気に挨拶すること。これを目標にし、ユウキくんも「がんばる！」と決めました。

最初の頃は、恥ずかしさから小声でそそくさと職員室を出てくるユウキくんでしたが、そこを指摘せず、苦手から逃げずにがんばったことをしっかりほめました。先生方も「毎日ちゃんと挨拶に来てエライなぁ」とほめてくださり、そのうち職員室の扉を颯爽《さっそう》と開け、大きな声で、しかも堂々と挨拶するようになりました。それどころか、わざとおどけて先生方の笑いを取るような余裕まで出てくると、それまで改めて聞かれると答えられなかった自分の気持ちを、すんなり言えるようになったのです。本当に子どもの伸びしろは素晴らしいと思います。

F校長　うちの学校では、年度初めに皆で、見守る必要がある子の顔写真を大きくスクリーンに映して、担任が「この子はこういう特性があるので、もし廊下で会ったり授業中に教室を出て行くようなことがあったら、こんな関わり方をしてください」と伝えてほかの先生たちと共有しています。大きな行事がある前にもそれをやります。体育祭の時に集団で色別で練習する際には、こうやって関わってくださいとか、連携してお互いに承知し合っています。

前島　教職員間のそうした連携がとても大切だと思います。そして、学校、保護者、支援関係者が横のつながりをしっかりと持ち、それぞれの場所での関わりやその子の様子、エピソードなどを定期的に共有する場を持つことが大切だと実感しています。そうすることで、みんなが同じ感覚でその子の気持ちやありのままの姿を受け止め、目の前でなく、その子の生涯を見据えた支援を話し合える。これこそがゆめの森の子どもたちが嬉しい変化を遂《と》げ、やがてゆめの森を卒業し、学校、社会に羽ばたいて行くことにつながっているとと確信しています。

F校長　あと、ユウキくんは、すごく優しいところがあって、この春、それまでユウキくんが教室で過ごせない時間を別室で親身に関わっていた主幹教諭が転勤になったのですが、その主幹教諭の退任日の夕方にわざわざ学校にやって来て、自分がこれまで一生懸命、練習に使ってきたスケートボードを「先生、これあげる！」とプレゼントしたのです。

前島　毎日練習に使っていたボロボロになったスケートボードでしたが、その大事にしていたボードを先生にあげることが、今の自分に出来る最大の感謝だと思ったのだと思います。そして、それを心から喜んでくださった先生との間に、ユウキくんは、会えなくなっても消えることのない人との信頼関係を結べたと思います。居場所が見つからない苦しい学校生活の中で、短い時間であってもオアシスのような場を与えてくれた先生を、ユウキくんはきっと忘れないと思います。そして、そのたった一人の大人との信頼関係が、その子にとって目に見えない心の支えになっていきます。私はそれが本当に嬉しくて、ユウキくんを支えてくださった先生方と学校に心から感謝の気持ちでいっぱいです。

ユウキくんだけでなく、ゆめの森にやって来る子どもたちは、みんなこんなふうに心根がとっても優しいです。だからこそ、今の世の中、日本、世界を変えたくて、自ら傷つく覚悟で天から降りて来たのだと思っています。この子たちを救い、助けることこそ、すべての問題を解決していくことだと思っています。

◇　◇

安心して居られる雰囲気の学校が、子どもたちを救う

この度は、お二人の校長先生が、学校とゆめの森との連携により、苦しんでいた子どもたちの心が元気になり、学校で本来の力を発揮出来るまでに改善したことを広く知っ

てもらいたいと快く座談会にご参加くださいました。他にも何人もの校長先生が同じ思いでいてくださり、今回は日程的に都合が合わなかったけれど、また何かご協力出来ることがあれば是非お声かけくださいと言ってくださるなど、本当にありがたかったです。

これまで、ゆめの森に通う子どもたちの支援を通して、数多くの学校にお邪魔してきましたが、こうしてゆめの森のような福祉事業所と、喜んで積極的に連携してくださる校長先生がおられる学校に共通して感じることがありました。それは、教員の先生方に笑顔が多く、私のような外部からの支援者にも気さくにお声をかけてくださる温かな雰囲気が漂っているということでした。

それはやはり「子どもたちが良くなるためなら何でもしたい！」そんな校長先生のお人柄が学校全体に反映されているからだと感じています。この雰囲気こそが、今学校に求められる最も大切な環境であり、子どもたちが安心して自己発揮し、自己肯定感を高め、自信をつけていける源だと思っています。

子どもが好きで教員になられた先生方が、子どもたちの前で笑顔を見せられなくなってしまうほど、今の教育現場は過酷な状況にあると感じます。それは今の教育が「個性」を尊重する教育ではないからだと思います。誰もが持つ一人ひとりの輝く「個性」を大切にせず、みんなを同じ枠の中に入れ、点数で引き上げようする教育は、子どもだけでなく、先生方の心も苦しくさせてしまいます。一日も早く、一人ひとりの持って生まれた個性を輝かせるための教育にシフトしていけるよう、ゆめの森での実践を多くの方々に知っていただけたらと思っています。そして近い将来、必ずや「発達障がい」「障がい」という言葉を社会からなくしたいと思っています。

第3章

ゆめの森こども園の取り組み

―これまでにいただいた質問への具体的回答―

質問1

ゆめの森で子どもたちに一番つけたい力は何ですか？

子どもたちには人生を豊かに生きてもらいたいので、人を助けたり人に助けられたり、人と支え合う力を持ってほしいと思っています。

いつも子どもたちに言うのですが、「力で人に勝ったり、理屈で人を言い負かしたりするのが『強さ』ではないよ。本当の強さというのは、人が辛く思っていることを自分のことのように感じたり、相手の立場を思いやって、自分だったらどうしていただろうと考えられる、その優しさこそが本当の強さなんだよ」ということです。

本当に優しい人はぶれないし、それが強さになる。だから「優しい人が本当は強いんだよ」と言っています。優しい子はいるのですが、それが、自分に軸がない優しさ、もろさにつながる優しさになっていることがある。もろい優しさ、強い優しさの違いは、子どもたちの中に自信があるかないかです。だから子どもたちに自信をつけてあげたい。

人と比べて得る自信ではなくて、自分には「これがある」というものを持つ。それがあると、子どもは必ず人を認めることができるのです。

自分にはこれがある、というものを何か一つでいいのです。たった一つ、自信につながるものがあればいい。だからいつも「この子にとって、それは何かな」と探しているのです。

そういう本当の強さと優しさを身につけられれば、どんなことがあっても、いろいろな人と力を合わせ、支え合って生きていくことができる。そういう助けたり助けられたりしながら生きる人生が、人として最高に豊かな人生であり、子どもたちに歩んでほしい人生というふうに思っています。

強い優しさ。それは裏をかえせば、自己肯定感です。

「自分には足りないところもあるけれど、これでいいんだ」と丸ごとの自分を受け入れられる、そんな力を育ててあげたいと思っています。

質問2

暴れたり手に負えない子の場合、どのように関わっておられますか？

ゆめの森の子どもたちを通して気づかされたことは、暴れたり、暴言を吐き散らす子というのは、自分だけに向けられた愛情というものを感じてこなかったということです。なので、そういう子には「誰より自分は可愛がられている」という実感を持たせてあげたいと思っています。そこで、よくするのは「その子だけを特別扱いする」です。

みんなに内緒で、その子だけを連れて、海までドライブに行ったり、バイキングランチに行ったり。海では波打ち際や、生きものがいる潮溜りで遊んだり。子どもも大人もわくわくするような自然の中で、短いけれど充実した時間を過ごします。そして道中の車の中でいろいろな話をしていると、日頃の学校や家庭での様子、そこでのその子の気持ちが見えてきます。大人から見ると困った姿でも、その子なりにいろいろなことを考えていて、実はすごくがんばっていたのです。それが分かると改めてその子が愛おしくなります。

そして必ず言うのが「今日のことは皆には内緒だよ、特別だからね」です。自分だけが特別にしてもらった、その満足感で、みんなの中に戻っても、普段のような暴言や行動はなく、他の友だちとも穏やかに遊びます。自分を「特別な存在」として扱ってくれる人がいる。そう感じることが出来た子は、そこを入り口にいろいろなことが変わり始めます。

また、こうした関わりは、子育てに悩んでいるお母さんにもお伝えします。特に下に弟や妹のいるお兄ちゃんやお姉ちゃんの場合、普段から「お兄ちゃんでしょ」「お姉ちゃんでしょ」と言って育てられていることが多いので、その子はいつしか（自分は一番ではないんだ）と感じています。そんな満たされない気持ちから、弟や妹に当たったり、いじめたり。そしてまた叱られるという悪循環が起きていることがよくあります。

それが、お母さんが自分だけの時間をつくってくれたことで、その子の気持ちは癒され、元気を取り戻すのです。そしてその時にお母さんに、必ず子どもに言ってあげてね、と言っている言葉があります。それは、「いつもありがとうね。いつもは頼ってばかりでごめんね。でもいつも、あなたのことを思っているし感謝しているよ。生まれてきてくれてありがとう。これからもお母さんを助けてね」という感謝の言葉です。そうして手をつないで歩いたり、頭を撫《な》でてあげたり、抱きしめてあげてねと伝えています。

するとお母さんは「分かりました。やってみます」と実行してくれます。後日お母さんにその後の様子を聞くと「家でぜんぜん変わってきました」と嬉しそうに話してくださいます。そのお母さんの表情は、我が子を愛おしむ喜びに溢れています。

質問3

偏食や少食の子への対応はどうしておられますか？

今の子どもたちは空腹感というものを味わっていません。お腹が空いて「もう何でもいいから食べたい！」というのがないのです。

大人の側にも「朝昼晩と三食をちゃんと食べさせないといけない」という観念があり、朝食を食べなかったら昼までにお腹が空くだろうと、中途半端な時間に菓子パンなど適当なものを出してしまうことが多いです。まじめなお母さんほどそういう感覚を持っていて、子どもが本気で「お腹が空いた～！」という感覚を持てないまま育っています。

そうなると「これはいらん、これもいらん」が始まります。もし子どもが食べなかったら、叱るのではなく、「食べないなら、〇時になったら片付けるからね。そのかわり、次のご飯までは何もないよ」と言って、約束をきちんと守らせること。空腹感をとことん味わったら、実は何でも美味しそうに見えて、食べてみようかな……と思えるものなのです。

偏食や少食のご相談は、どこに伺ってもよくありますが、いつも答えは同じです。しっかりお腹を空かせて、しっかり食べる。これで胃袋も大きくなり、食べ込む力がつきます。そうすれば、自ずと体力も精神力も備わってきます。そこに必要なのは、親御さんやご家族の「子どもは食で育てる」という覚悟だけかなと感じています。

質問4
保護者の方とトラブルになった時、どのように対応しますか？

いろいろなタイプの保護者さんがいらっしゃいます。最初から打ち解けてくださる方もいれば、それまでの複雑な経験から心に壁を立てておられる方もいます。どんな保護者の方とももちろん入り口は丁寧にお話ししますが、基本的に私自身がオープンな話し方をするので、最終的にはざっくばらんな会話になり、それが功を奏すのか、最初は構えておられた親御さんも少しずつ気さくに話してくださるようになり、ありがたく思っています。

福祉事業もサービス業であり、通常は事業者と利用者さんの関係の中では、利用者である保護者さんの意向に沿うのが常識なのですが、私の場合は、させていただくというより、子どものために対等の立場で一緒にやりましょう！というスタンスを取るため、その子の将来を見た時に、今のやり方に疑問を感じれば、そこはしっかりお話をします。それで意見が違えば、それはそれで保護者の方の意見として尊重し理解しますが、ゆめの森の方針は変わらないため、そこが合わなければ、相談員さんを通じて他の事業所を検討してくださいねとお伝えします。

これまでも保護者の方との意見の食い違いはありましたが、見ているところは常に「その子の幸せな人生」なので、話していくうちに「なるほど」と納得してくださり、同じ意識に立って、その子のより良い人生に向けて一緒に歩んでくださるようになります。

大事なことは、常にしっかりとした理念を持ち、どこまでも子どもたちの幸せな人生を見通し、ぶれないことだと思っています。保護者のための事業所ではなく、子どもたちの明るい未来のための事業所でありたいと思っています。ただ、そのためには親御さんの苦悩に寄り添うことも不可欠で、中には精神的な治療を受けながらの親御さんもおられるため、夜中の電話対応など、出来る限りのことをしてきました。そんな中で信頼を寄せてくださり、子どものために力を合わせて来れたことが、今の喜びにつながっているケースは多くあります。

質問5

学校との連携が取りにくい場合はどうしていますか？

学校側に壁がある場合は、保護者側からいろいろ伝えていただくしかないのですが、本来、その形が理想だと思っています。ただ、保護者の側が学校（先生）とのやり取りを拒まれる場合、連携が取れなくなるため、その場合は親御さんのほうから「ゆめの森さんと連携してください」と仰ってくださることで連携しやすくなります。

いずれにしても、三者が心を一つにして同じ方向に向かい、力を合わせていくことが、子どもを望ましい道へと導くことになるので、学校と保護者間が信頼関係を取り戻せるよう橋渡しをしていくことも大事な仕事であり、役割だと思っています。

質問6

新しい時代の教育についてどう考えておられますか？

1時間目から6時間目までのほとんどを教室で過ごし、年間の決まったカリキュラムに沿って行なわれる日本の教育は、子どもたちの限りない可能性を奪っている気がしてなりません。子どもたちが将来「生まれてきて良かった！」と心から思える人生を歩む上で必要なことを、今の教育は教えていない気がするのです。

発達障がいと呼ばれる子は特にですが、子どもは本来、誰もが持って生まれた素晴らしい才能や能力が一人ひとりに備わっています。それをどれだけ早い段階で大人が見出し、子ども自身もそれに気づいて、その力を最大限に伸ばし、磨かせてあげられるかを本気で考えるのが、教育のあるべき姿だと思っています。今の国のやり方を見ていると、子どもたちの幸せな未来を見ているのではなく、経済社会の未来のために、心のない口ボットをつくり出しているように見えます。

国が期待する有能と呼ばれる学者や官僚になりたいと、心から望む子はおそらくほんのひと握りです。それ以外の子どもたちは、得意なスポーツや持って生まれた感性を生かした芸術や物づくり等、好きなことを将来仕事に出来たなら、これ以上、豊かで幸せな人生はないと思っています。

そうして考えると、今の教育は疑問だらけです。一般的には社会に出ても使わない公式や化学式、知識を莫大な時間をかけて教えます。しかもそれを点数や平均点で評価し、優劣をつけて競わせる。この段階で一人ひとりの素晴らしい個性は消されてしまうのです。このことを私たちは、もう黙って見過ごしてはいけないと思っています。

子どもたちの無限の可能性を拓けるはずの大切な時間を無駄に費やしている今の教育に対し声を上げていきましょう。

私たちが目指す理想の社会は、「小規模社会」です。小さな集落や村をもう一度つくり、そこで子どもたちに「生きる力と知恵」を育み、持って生まれた才能を開花させるための体験型の教育。これこそが新しい時代の真の教育だと思っています。

質問7
なぜミツバチなのですか？

発達障がいの子どもたちの感覚過敏の辛さが、バランスのとれたミネラル豊富な食事で軽減し、その苦しみから救えると分かった時に、なぜ「粗食」だった昔に豊富に摂れていたミネラルが「飽食」と言われる現代社会で摂れないのか？と不思議に思ったのです。

その後「ミネラルは、化学物質の悪影響を抑える働きがある」と学んだ時に、土壌のミネラルが減っているのは、土に撒かれた農薬や除草剤、化学肥料などの化学物質の影響を抑えるためにミネラルが使われてしまったからではないかと思いました。とすれば、農業が自然栽培に移行することで、本来のミネラル豊富な土壌となり、ミネラル豊富なお米や野菜が戻る！と思いました。

そうして農業にも関心を向けるようになっていった中、養蜂家の船橋康貴さんの講演を聴く機会がありました。船橋さんのお話から「ミツバチの絶滅が人類の滅亡につながる。しかもその大きな原因の一つに農薬があり、私たちが今の生活を当たり前に続ければ、近い未来にミツバチの絶滅は決定的になる」このことを知った時、言葉に出来ないほどのショックと共に、ミツバチも子どもたち（人類）も同じ原因で苦しんでいたことに、はっきりと気づきました。そして、それなら逆に「農業を変える」というたった一つの取り組みで、すべては救える！と思ったのです。

それからは、ミツバチ、子どもたち＝地球の話として、全国でお伝えさせていただいています。

質問8

ゆめの森のスタッフに望むこと、いつも伝えていることは何ですか？

私がいつもスタッフに言うことは「後にも先にも人柄でしかない」ということです。

普通の事業所はマニュアルや決まり事を大事にすると思うのですが、ゆめの森では、いかにスタッフ同士が仲良く楽しく仕事が出来るか、そこが一番だといつも思っています。スタッフ同士で、「この人といるとどこか癒される」「この人と一緒に仕事が出来て嬉しい」、そんな関係をお互いに築けたら、少々仕事にミスがあっても言うことはありません。誰だってミスはあります。私自身もうっかりすることはしょっちゅうです。

厳しい職場環境の中で働いていると、いろいろなことをジャッジしたり、不満が多くなりがちです。すると職場の雰囲気に緊張が走ってしまいます。その緊張感がゆめの森に来るような子たちには辛いのです。いつも和やかで笑顔や笑い声が絶えない。うっかりやってしまったミスを笑い合って、許し合って、助け合って。

私ならそんな職場で生涯働きたいと思います。だから、ゆめの森の子どもたちの夢が「ゆめの森のスタッフになる！」だったりします（笑）。

ゆめの森のスタッフは、家庭優先で、誰かに何かあったらみんなでカバーし合って「大丈夫だから安心して休んでね」と声をかけています。この雰囲気がきっと会社を長く支えてくれると信じています。

質問9 ゆめの森の運営は、立ち上げからずっと順調だったのですか？

外から見るとゆめの森の運営は順風満帆のように見えるようで、時々こんな質問をいただきます。でも、全くそんなことはありません。

何しろ保育士の現場経験しか持たない私が、株式会社を立ち上げたこと自体、無謀と言われてもおかしくないのです。しかも、未知の世界の福祉事業に取り組むのですから、今があるのはまさに神懸かりだと思っています。なので当然、ここに来るまでにはいろいろな試練がありました。思いだけで走り出し、経営も雇用もよく分からない中で、私の至らなさから立ち上げ時に勤めてくれたスタッフは、半年で総入れ替えとなりました。

その時に助けてくれたのが子どもたちのお母さん方でした。そこから見事に立ち上がり、今があります。

もう一つ、大ピンチがありました。

ある時、国民健康保険団体連合会への報酬請求で単価を間違えていたことが判明し、「過誤請求」として1600万円の返済請求が発生したのです。

毎月の報酬の振り込みは、国保連の認印があってはじめて振り込まれるものなのに、この多額な返済額が本当に事業所側だけの責任になるのだろうか……。しかも、この単価の間違いが判明したのも監査によるものではありませんでした。ゆめの森は保護者の方が出来ない送迎をボランティアでしていたのですが、これは本来は福祉サービスに当たらない部分でした。そのため逆に不正を疑われ調査が入っていろいろな書類を確認していた時に、たまたま分かったという経緯でした。ですからこれは、本来は国の不備ではないのだろうか？……と疑問は湧きましたが、これも学びであり試練だと受け止め、幸い金融機関に助けてもらうことが出来、5年をかけて2021年4月に完済しました。

どんなに大変な時もスタッフは私の側を離れず、「なんとかなるよ!」と笑顔で言う私を信じてついてきてくれました。こんなありがたいスタッフたちを私は必ず守り、幸せにしなければならないといつも思っています。ゆめの森だけでなく、こういう形（過誤請求）でつぶれたり、立ち行かなくなった事業所もたくさんあるのです。

この体験から、行政がやることだからと鵜呑みにするのではなく、自分たちで本当にこれでいいのかと見ていくことが必要であると思っています。本来は国とのパイプ役になっていただけるはずの行政側ですが、今は、下の声を上に上げるというよりは、下を見張る「見張り役」として、その立場を認識されているようなので、事業所がつぶれていかないためにも、事業所が共に声を上げていくことが必要ではないかと、自分の体験から思っているところです。

質問10　最近、子どもたちの生活で気になっている問題はありますか？

はい。最近、ゆめの森の子どもたちを通して知ることが出来た、深刻な問題があります。

これは実は全国で広がっているネットゲームの問題なのですが、自然な食、自然な体験を大切にすることで感覚過敏の苦しみから救われてきていた子どもたちが、最近どうも様子がおかしいとスタッフから出張先に連絡がありました。詳しく話を聞いてみると、これまで多少のことはあっても、そこまで気にならなかった衝動性が、とても目につくようになり、相手構わず乱暴な言葉や行動が止まらない……注意しても反発が強く、身勝手な考えを貫き通そうとする。

その原因を探るため、学校の先生にも情報を求めたところ、多くの子が家庭でハマっている通信ゲームの存在が分かりました。そう言えば確か、ゆめの森のワンパクチームも数ヵ月前、私に、「ゆめの森の友だち同士で、家に帰ってから夜にネット回線で会話しながら通信ゲームをしている」と嬉しそうに話してくれていたのです。

「?」と疑問に思いながらも、あんまり嬉しそうに話すので、つい顔がほころんで「ゲームのやり過ぎはダメだからね。時間は短く決めて、ちゃんと守らないとダメだよ」とその程度の注意で終わっていました。しかし、担任の先生からそのゲーム内容を聞いた時、子どもたちからの報告に一瞬頭を過ぎった「?」を確かめず、表面的な言葉掛けで終わらせてしまった自分を深く反省しました。

そのゲームは、100人の人を最後の一人になるまで、いろんなアイテムを使って殺していくゲームだったのです。一人で行なうこともちろんいけませんが、そんなゲームを何人もでワイワイ楽しみ、協力し合ってすることが流行っていることを多くの大人が知らないという社会も見直されなければなりません。

出張先でそのことを知った私は、スタッフに子どもたちをミーティングルームに集めてもらい、携帯電話をスピーカーフォンにして子どもたちとミーティングをしました。

「あの時にちゃんと確かめなかった前島さんも本当にいけなかったけど、今みんなが毎晩家で楽しんでいるゲームは、人殺しのゲームなんだよね？　ゲームの世界だから人を殺していいと思うの？　今日からそのゲームをしたらダメ！」そう私が言うなり、ガーン!!と椅子を思い切り蹴り飛ばす音が聞こえました。

そしてその中の一人の男の子が「オレらがゲームの世界と本当の世界を一緒にして、将来、人殺しをする人間になると思うの？　そこまでオレらは馬鹿じゃない!!」と言ったのです。

子どもたちは、ゲームの世界と現実世界の棲《す》み分けくらい自分でコントロール出来ると思っている。

それは大きな問題がなく、日常が順調にいっていればのこと。ひと度、いろいろなことが上手くいかなくなり、心が病むような状況になり、自暴自棄になってしまった時、その殺戮《さつりく》ゲームを思い出し、実行に移せばスッキリすると考えることがあっても不思議ではありません。それほどゲームの世界に浸って楽しむことには危険性があるのです。

子どもたちが大騒ぎで大反論するのに対し、駅の構内でしたが一喝入れました。

「いい加減にしなさい!!　このゲームに関しては、どんな理屈も通らないよ。今夜からこのゲームを家でしたなら、明日からゆめの森には来なくていい！　迎えにも行かない！このことは全員のお母さんにも話しておくから。このゲームがきれいにやめられないなら、前島さんは悲しいけれど、あなたたちのことは諦める!!」

電話の向こう側から一斉に「何でだぁぁ!!」と叫び声が上がりました。もうそれには反応せず、それだけ伝えて電話を切りました。

そのあと全員の親御さんに連絡し、そのままを伝えると全員のお母さんが「分かりました！　そんなゲームだったとは知りませんでした。今夜からそのゲームをやるなら、ゆめの森はやめなさいと伝えます」と言ってくださり、それ以降、子どもたちはこのゲームをやめました。そして、しばらくすると以前の姿に戻っていっているとのスタッフの報告に一安心しました。

子どもたちを本気で守るということは、誰が何と言おうと揺るがない覚悟が必要だと思っています。

質問11　子どもたちの給食改革で、子どもたちの未来以外に何が変わると思いますか？

オーガニックな給食に移行することで、全国の保育園給食、学校給食の食材に自然栽培の農作物が使われるとなれば、その莫大な供給量により、日本の農業は対立せずして自然栽培に移行していくと思います。それにより、福祉と医療に使われている多額な税金（現在、税金の4分の3は福祉と医療に使われています）は、大幅な軽減につながっていくと思います。

農業は本来の自然な農業であれば、100種類もの仕事があるということから「お百姓」と呼ばれ、とても手間と人手が掛かるものでした。愛媛県松山市の佐伯康人さん（「奇跡のリンゴ」木村秋則さんのお弟子さん）が運営する就労支援事業所では、広大な農地で行なう自然農を、大勢の障がいを持つ方々が仕事として取り組まれています。そして、このお百姓の仕事の中から一人ひとりが得意なことを見つけ、生き生きと働き、月収5万〜10万円を手にしておられるのです。月収が10万円になれば、福祉年金で生活しなくていいどころか納税者となります（その時点でもう障がい者ではありません）。しかも、自然栽培の作物が流通すれば、国民は普通に消費し、そのことにより心身の健康が促進されていくので、医療費の軽減にもつながっていきます。

未来を担う子どもたちの食べる給食を、リスクのないものに改革していくことに、異議を唱える人はいないと思います。保育園、学校の給食改革は、日本経済そのものを根底的に救うことになると思うのです。しかも、それが見事なまでに地球浄化に結びつきます。

すべては、この取り組みを丁寧に広げ、大勢の賛同者を得ることで解決に向かっていきます。この事も天から降りて来た子どもたちに教えてもらったことだと思っています。

質問12

「理解教育」という言葉がありますが、具体的には、どのようなことでしょうか？
また、それにより何を目指すべきだと考えておられますか？

「理解教育」という言葉が今、学校で使われていますが、これは通常は、障がい児の特性や、その子たちが何に困っているのか等を周りが理解しましょう、というものです。しかし、本来この事は「発達障がい」と呼ばれる子どもたちだけに当てはめるものではなく、すべての子どもたちの持って生まれた天性の才能や素質がどれだけ素晴らしいものかということを、社会全体に伝えていくことだと思っています。

学力に優劣をつけ、評価したり、落ち着いて学習に取り組めない子をクスリを使ってでも従来のカリキュラムをこなすことを重視する今の教育で、荒れたり、不登校になってしまう子どもの特性について理解しましょう!というのは、何か根本的なところが違っている気がしてなりません。

子どもは、そもそもどんな子も素敵な個性の持ち主なのです。その個性を枠にはめるのではなく、いかに伸ばし切るかを考えた教育であれば、理解教育という言葉そのものが生まれてこないと思っています。そうした観点から、近い将来、「発達障がい」という呼び名すら社会から消え、枠にハマろうとせず、自らの強いエネルギーで道を切り拓いていこう!とする子どもたちこそ称賛される社会に必ずしたいと決意しています。

質問13 今、「親育て」が大事と言われますが、具体的な事例がありますか？

発達障がいと診断され、暴言や暴れてしまう我が子に対して、どのように接したらいいのか分からなくなる親御さんが今は多くおられます。

子どもは大人の関わり方で、その人との関係性を身につけていきますが、親や先生に迷いがあり、教えるべき場面で何もしなかったり、腫れ物に触るような関わり方で機嫌をとっていると、発達障がいと呼ばれる子どもたちは元々持っている衝動性に任せて、どこでもやりたいようにやる子になってしまいます。そうなると、さすがに堪忍袋《かんにんぶくろ》の緒《お》が切れた大人は、頭ごなしに怒鳴ったり、体罰的なことが起きたりするので、関係性はますます悪くなり、愛情関係や信頼関係が結べなくなってしまいます。

そういう状況で思春期に入ってしまうと、親の言うことは全く聞かず、反発するばかりで、家でも暴言を吐き、まともな会話もしなくなってしまうのです。ゆめの森でも思春期を迎えた子どもたちに、物を壊したり、建物や車に傷をつけたりしてしまう子がこれまでも何人もいましたが、そんな時には親御さんにお願いし、やっていただくことがあります。

まずはお母さんに、ゆめの森で起きた事実を伝えます。そして、その場でスタッフが防げなかったことのお詫びと、ゆめの森での物損は気にされなくていいことをお伝えします。その上で、その子自身の将来のためと今後の親子関係のために、力を合わせます。

先日も同じようなことがあり、本人が反省するどころか、逃げ回って後始末も出来ない状況だと出張先にスタッフから連絡があったため、帰りの自宅送迎をやめて、ゆめの森で待たせてもらうようにし、お母さんに電話を掛けました。まずは前述のことをお伝えし、お迎えに来ていただいた時に以下のことをお願いしました。

① 我が子のいる前でスタッフに心を込めてきちんと謝る姿を見せる。

②その子に向かって頭ごなしに叱らず、「一緒に片付けるよ」と声を掛けながら、その子が片付けなくても、お母さんが一生懸命スタッフと一緒に片付ける。

③改めてお詫びをして、帰る車の中で、感情的ではなく、穏やかに「あんなふうにコントロールが利かず、ゆめの森さんに迷惑を掛けてしまうなら、もうゆめの森には行けなくなるよ」と話す。

このことをお母さんがしてくださる事で、子どもは「お母さんは自分を社会から守ってくれる」そう感じることが出来、お母さんへの信頼を取り戻すのです。お母さんご自身も、こんなふうにすればいいのだと体得してくださいます。もちろん、これも保護者さんとの信頼がなければ、成り立つものではないので、スタッフ一同、日頃から保護者さんとのコミュニケーションを大切に心掛けてくれています。

質問14
全国を講演で回られて、今、一番感じていることは何ですか？

それは「社会を変えるためには、実践者がメディアに頼らず、しっかりと伝えて回ることが必要ではないか……」ということです。

全国を回れば回るほど、各地には非の打ち所のない素晴らしい実践がありました。この素晴らしい実践が何故、こんなにも長い間広がらなかったのだろう……この実践が広がっていたなら、今の生きづらい社会はなかったかも知れない。しかし、実践者はそこを築き上げ守ることで精一杯です。ましてや、この社会の仕組みの中では、保守的にならざるを得なかったことは、よく分かります。

その意味でも、今こうして全国を回らせていただくことは、こうした素晴らしい実践者の代表でもあるのだと思っています。私たちは今の社会で育てられ、「専門的なことは専門家に任せる」という考え方を自然に身につけてきました。なので、実践者は実践に専念し、それを伝えるのはメディアの役目だと暗黙の了解的に思ってきました。しかし、お伝えしながらある時、メディアの情報には「根っこ」がないことに気づきました。

どんなに素晴らしい実践も、メディアでは切り取った情報しか伝わりません。しかもそれは、流れてくる放送をたまたま見ていて知った……というような、受け身で終わってしまうものです。実践者自身が、実践してきた実感や事実を持って、広く丁寧に伝えて回ることこそ、人々に感動を与え、多くの方の本気に火がつき、それぞれの地域に必要な実践が形になって広がっていくのだと確信しています。

質問15

ゆめの森が目指す世界への一番の近道は何だと思われますか？

私が目指す世界のイメージを広げた時、究極的には豊かな地球だと思っています。そこに理想の社会が築けるとしたら、やはり質問7で述べたように、土を元に戻す、土壌を古代の自然な状態にまで戻すということだと思っています。具体的には、農業を変えるということになると思います。

しかし、現代の「農業」で土壌を自然に戻すということは、そう簡単なことではありません。そこには利権の問題もあり、誰もが今在る生活（経済）を守らなければならないため、対立も生まれてしまいます。理念は理解できても、現実問題を考えたら賛成は出来ないというのが多くの農業家の本音かも知れません。でもここを乗り越えない限り、地球はもう持たないのです。いえ、地球の前に私たち人類がすでに狂い始めています。

便利で楽な生活を追い求めるあまり、化学物質の使い過ぎには目もくれず、自然界の苦しみに平気で背を向けてきてしまいました。私自身、地球環境をはじめ、いろいろな情報を耳にする中で、もしかしたら、もう無理かも知れないと諦めかけた時に閃《ひらめ》いたのです。

「そうだ、子どもたちの給食だ！」と。

具体的に考えていくと、全国的にセンター化した学校給食はすぐには難しい。でも各園ごとに給食室を完備している保育園なら理事長、園長先生の意識一つで次々とオーガニック給食へのシフトが可能だと思いました。そこにお力添えがいただける汐見稔幸先生、木村秋則さんがいてくださいます。保育界、農業界が力を合わせて、自然環境を取り戻していく。

三つ子の魂の子どもたちとミツバチの未来を幸せにすることは、地球の未来を幸せにすること。そのことに反対する人はいないと信じています。そう発信し続け、全国各地で子どもの給食をより良くしようという人たちが立ち上がってくださいました。この活動が、きっと私たちが目指す世界への一番の近道となってくれると思っています。

あとがき

すべては古代に答えがありました。

そのことに気づかせてくれたのが「発達障がい」と呼ばれる子どもたちです。学校で暴れ、授業を妨害し、不登校になってまで「今の世はおかしい！　早く古代に立ち返り、人として最も大切なことに気づいて！」とすべての子どもたちの先頭に立ち、先陣を切ってその崇高な魂たちがメッセージを送っているのです。自らの心を削り、障がいと診断されクスリに浸けられ、もがきながらでも必死に私たち大人に気づいてもらおうとがんばっているのです。

この子たちが今、大勢天から降りてきているのには意味があります。もう地球に時間がないのです。自然界に生かされてきた人間がその感謝を忘れ、神を忘れ、自分たちさえ良ければいいとばかりに文明を発達させ、次々と化学物質を生み出して蔓延させてきた結果、地球がついに限界を迎えてしまいました。そして、そのことに多くの人々は気づくどころか、ますます逆行していく道を歩もうとしています。保育士を天職と思い、長い歳月を三つ子の魂と共に過ごさせてもらったことにも大きな意味がありました。

幾つになっても人が苦しむ根源には、０歳からの育ち（真には命が宿った時からだと思います）がありました。そこを見ながら、大人の階段を上がる子どもたちに関わっていく中、「人の心は環境や関わりだけでは育たない」こと、そして心身をつくっている細胞たちに目を向ければ、もっといろいろなことが見えてくる。そこに気づかせてくれたのが、『食べなきゃ、危険！』の著者 国光美佳先生、そして国光美佳先生にご縁をつないでくださり、栄養学の知識を持たない私に、予防医学の観点から分子栄養学を学ばせてくださった管理栄養士の小町みち子先生でした。お二人との出会いにより、「すべては一つにつながっている！」と一気に気づかされていったのです。

そして、今の大局から見た取り組みは、今の子どもたちの苦しみは世界で絶滅に向かっているミツバチの苦しみであり、それはまさに地球の苦しみだと教えてくださった養蜂家の船橋康貴さんとの出会いのお陰です。すべては導かれたご縁だったと思っています。
　本書をお読みくださった皆さん、本当にありがとうございました。本書が、今苦しい中にあるお母さんや子どもたち、そしてどのように手を差し伸べたらいいか迷っている方の力になれれば、こんなに嬉しいことはありません。

　最後になりましたが、本書に推薦の言葉とミネラル補給レシピを寄せてくださった国光美佳先生、「全力で応援するからがんばって！」と嬉しいメッセージを送ってくださった木村秋則さん、そして、子どもたちが置かれている精神医療の問題を寄稿してくださった小倉譲先生、子どもの食の改革について力強い後押しを寄稿くださった汐見稔幸先生に心より感謝申し上げます。そして何より、子どもたちの回復実例に手記を寄せてくださったお母さんたちの「自分たち親子の経験が誰かの助けになるのなら」という温かいお気持ちが本当に嬉しくありがたかったです。ゆめの森との連携についてお話しくださった二人の校長先生にも心より御礼を申し上げます。

著者と、ゆめの森こども園の子どもたち

そして最後に、子どもたちの給食をオーガニックにしていく活動のために奔走する私に代わり、子どもたちの心にいつも寄り添ってくれるスタッフのみんな、「また行くのー!?」と言いつつ「オレらみたいな子をいっぱい助けるためでしょう?ガンバレ!」と言って送り出してくれる子どもたち、心から、ありがとう!!

令和元年11月

株式会社ギフテッド
ゆめの森こども園代表　前島由美

簡単！

ゆめの森こども園でも実践！

ミネラル補給レシピ

『食べなきゃ、危険！』著者　**国光美佳**

魚嫌いでも食べられる

ミネラルふりかけの作り方

材料

ダシ粉末 ゴマ あおさ粉	…各大さじ5
しょうゆ	…大さじ2
酢	…大さじ1
塩	…小さじ1/3

材料を軽く炒って水気を飛ばす。

おにぎりにまぜても
そのまま食べても
おいしいよ。

① 醤油、塩、酢をフライパンで弱火にかける。
② イワシ、あご、昆布粉末、おあさ海苔の粉末、ごまを①に入れ、遠火の弱火で炒って出来上がり。

魚が苦手なお子さん向けにつくったふりかけです。たっぷりのあおさ海苔を加えることで風味が良くなり、「これだったら食べられる！」と言って食べていくうちに味覚が変わり、次第に魚や野菜も食べられるようになりました。

忙しいママをサポート！

ママスペシャルスープの作り方

イラスト おくい めぐみ 『食べなきゃ、危険！』新装版（三五館シンシャ）より

〈 エクストラバージンオリーブオイルについて 〉

市販の植物油は多くの場合、無色無臭にするために油に本来含まれる栄養成分（ミネラルやレシチン）を不純物として取り除いてしまっています。そのため、ミネラル補給のレシピには栄養成分の残っている非精製の油（エクストラバージンオリーブオイル）をすすめています。

細胞膜の 50％は脂質で構成されているので、良質な油は細胞膜を整えます。それは、精神面への影響が深い神経細胞を整えることにもなります。

手軽にオイルとミネラルを！

煮干しのオイルサワー漬け

ミネラル豊富な煮干しは、だしに使うだけでなく、おやつやおかずにもおすすめです。

酢と一緒に食べると、カルシウムの吸収率もアップ！

エクストラバージンオリーブオイルをプラスするとまろやかになり、良質なオイルを非加熱でいただけます。

● 材料（4 ～ 5 人分）
酢　180cc ／ エクストラバージンオリーブオイル　90cc
煮干し　60g ／ 胡麻　大さじ 3

● つくり方
容器に酢とエクストラバージンオリーブオイルを入れ、胡麻、煮干しを入れてよく混ぜる。（冷蔵庫保存）

ミネラル補給の成果が出る最強レシピ！

ミネラルアップ味噌

● 材料：（4 ～ 5 人分）

天然だし粉末　20g ／ エクストラバージンオリーブオイル　20g

味噌　60g ／ あおさ海苔　適量

● つくり方

天然だし粉末：オイル：味噌＝１：１：３の割合で練りこんでおきます。

お湯に溶いて、あおさ海苔などを加えると手軽にミネラル＆オイルアップの味噌スープに！

ゆめの森こども園でも実践いただいています。

魚が苦手、粉だし嫌！というお子さんもＯＫ！

カレー風味ドレッシング

子どもたちに人気のカレー風味。ドレッシングにも活用すると、野菜以外にも、肉や魚のおかずにかけていただけ、食欲をそそります。

● 材料

エクストラバージンオリーブオイル　大さじ２／酢　大さじ１

カレー粉　小さじ３分の１／粉だし　小さじ２分の１

醤油　大さじ１／塩　少々／玉ねぎのみじん切り　大さじ１

● つくり方　① 玉ねぎをみじん切りしておく

② ①と他の材料をよく混ぜる

家庭でミネラル補給を実践する時のポイント！

段階を追って少しずつミネラル豊富な食卓づくりをしていくようにしましょう。

どなたにも始められる第１ステップ（かけるだけ・混ぜるだけ）で、味覚が広がり、目の前で起きている困った症状に改善が見られ始めます。次第に、さまざまな食材からミネラル豊富な食習慣へ移行することをおすすめしています。


（『食べなきゃ、危険！』新装版 p222 より）

ミネラル補給 第１ステップ

※主食の見直し

白米に、ミネラル豊富な雑穀や玄米、五分つき米などを混ぜる。

※天然だしを活用

いわし、あご（トビウオ）の煮干し、昆布など天然の素材で、だしをとり、だしに使った後は、一度鍋から出して刻んで具材にし、あますことなく使いきりましょう。

または、いわし、あご（トビウオ）、昆布などを粉状にして、毎食の料理にかけたり混ぜたりすることもおすすめです。

※非精製の油で細胞膜をととのえる

エクストラバージンオリーブオイルや胡麻油、えごま油、亜麻仁油など、良質な油を“かける・混ぜる”方法で補うことで細胞膜を健全な状態にしていきます。

ミネラル補給 第２ステップ　食卓全体の見直しへ

※ミネラル豊富な食材を使う

丸ごと食べる小魚や貝類…煮干、めざし、ししゃも、牡蠣、シジミ
海藻類…昆布、海苔、ワカメ、ひじき、アラメ
たね類…蕎麦、胡麻、玄米、大豆（きなこ、豆乳）
木の実…クルミ、アーモンドなどのナッツ類、栗……など

※ミネラルを排泄してしまう食品添加物「リン酸塩」を避ける

冷凍食品、ふわふわのロールケーキ、とろとろプリン、ちくわや、はんぺんなどの練り製品…などに使われているリン酸塩に注意しましょう。

※家庭での水煮、あく抜きに注意

家庭での水煮、あく抜き、下茹でもミネラルが流れ出てしまいます。冷凍した肉の解凍時にはドリップにミネラルが出てしまうので注意しましょう。

くにみつ みか
『食べなきゃ、危険！』新装版（三五館シンシャ）で発達障害、低体温、睡眠障害などミネラル補給による子どもたちの改善例を執筆。
「子どもの心と健康を守る会」代表、食学ミネラルアドバイザー、一般社団法人国際食学協会理事、大妻子大学児童臨床センター認定 家庭教育相談員。食生活相談と心のケアの両面から子育て支援、講演、執筆活動を行なっている。

夢の森フリースクールを
応援してくださるみなさまへ

日本初 企業・個人参画の共育モデルプロジェクト

八世代先の子どもたちの未来をつくるプロジェクトに
ぜひ、参画してください。

今、全国で天才性を秘めながら研ぎ澄まされた感性（感覚過敏）で不登校に陥っていく子どもたちが激増しています。こうした子どもたちの多くは「発達障がい」と診断され、枠にはめられた学校教育や集団を重んじる社会に適応出来ずにいます。そのため持って生まれた本来の才能や個性を発揮できないまま自信を失い、自らの人生を自死という形で閉じてしまう子が過去最多に上る時代を迎えてしまいました。

こうした子どもたちを全国で一気に救い出すためには、その素晴らしい才能や感性を、生き生きと開花させることの出来る全く新しいタイプの学校（楽校）の具現化が急務と感じるようになり、この度覚悟を決めてその立ち上げを決意しました。これがモデルとなり、各地に広がることを願っています。

大人も子どもも輝きながら育ち合う「共育」の実現は、残念ながら、監査のための書類作成に追われる今の国の傘下では実現出来ません。今日の感動、反省をディスカッションでシェアし、大人が輝く保育、教育、療育現場が子どもたちの未来、日本の社会を幸せにします。そのためにはモデルが必要です。

日本の原風景が広がる楽舎（学舎）で、一人ひとりの子どもの天性の才能が開花する楽校が総工費２億円で実現します。７世代先の子どもたちと地球のためにご協力を宜しくお願い申し上げます。

一般社団法人グランドマザー　代表　前島由美

前島由美の本

『奇跡の食育（4）』良い環境と良い食事が子どもを変える!!

マンガでゆめの森こども園の取り組みを伝えます。

発行 美健ガイド社

http://www.biken-guide.com/?pid=145161182

季刊『道《どう》』

連載「愛の関わりと連携で、輝きを取り戻す子どもたち」

年４回、子どもたちの回復と成長をレポート。

発行 どう出版

※本書『輝きを取り戻す“発達障がい”と呼ばれる子どもたち』のご購入も、どう出版まで。

https://www.dou-shuppan.com/

一般社団法人グランドマザーホームページ
https://369grandmother.com/

就労継続支援Ｂ型事業所　ゆめの森ファーム
https://369gifted.com/yumemorifarm/

「八世代先の子どもたちのために」前島由美講演（約 10 分）
（第一回 正木一郎記念 ユニバーサルビレッジ・ＥＭ国際会議）
https://www.youtube.com/watch?v=6lF3v8_ulDM

前島由美の人生お絵描きムービー
https://youtu.be/Wt328-y4VCw?si=3sTKT8sSvVrs3Vx_

Foods for Children
フーズフォーチルドレン
優しさが繋ぐ、こどもたちとミツバチの幸せな未来へ

「ケミカルフリーな食と農」

環境指標生物とも呼ばれるミツバチは、農薬や化学肥料などを使うこれまでの集約農業や気候変動により、ここ 10 年、世界中で急速に減少しています。ミツバチ絶滅の危機は人類滅亡の危機。その危機的状況を見つめ、行動する時が訪れました。

一方、子どもたちの給食をはじめ日常の食事においても、農薬や添加物など化学的なものが入った食材により、アトピーやぜんそく、そして脳内アレルギー（発達障がい）が引き起こされ、薬に頼る幼い子どもたちが急増しています。

本プロジェクトは、未来を担う子どもたちの心身の健康を守り、同時にミツバチの保全を目指すために、全国のオーガニック農家や自然栽培を進める農家と保育所や小学校を繋げることで、子どもたちの食事をより良く変えていこうとする社会活動です。

2019 年 10 月のキックオフフォーラムから 1 年足らずで全国 47 都道府県にチームが立ち上がりました。現在は、トップダウンではなくボトムアップでこそ意味ある活動になるとの思いから、本部は発展的解散とし、現在は各地リーダー陣が手を繋ぎ、定期的に情報共有しながら、ミツバチのように丁寧に大きく全国で活動を広げています。

立ち上げからの活動記録を、フーズフォーチルドレンホームページでご覧いただけます。

https://ffc2019.wixsite.com/mysite

前島由美　まえじま ゆみ

ゆめの森こども園 代表 ／ 株式会社ギフテッド 代表取締役
一般社団法人グランドマザー 代表理事

大阪生まれ。企業勤務を経て、保育助手として保育現場に勤めながら幼稚園教諭、保育士資格を取得。25 年間保育士として勤務。
保育士時代に「食と子どもの心身の育ち 」に関心を高め、食育指導士資格を取得。保育園退職後、養育支援事業所に勤務。発達障がい児の急増の原因のひとつに現代食による栄養の偏りや農薬などの化学物質が影響していることを知り、食生活の見直しを柱にした療育を実践するため、2013年夢の森いずも株式会社を設立。翌年 4 月「キッズコミニケーションサポートゆめの森こども園」を開園。2016年化学物質を一切使わない「古民家ゆめの森こども園」を開園。すべて自然素材で建てられた園では、養蜂、平飼いの養鶏、ヤギ、ウサギ、犬、猫など動物飼育、自然栽培による田畑や花作り、炭焼きや薪割り、竈でご飯を炊く体験も取り入れている。2020年 5 月、一般社団法人グランドマザーを設立。天性の感性ゆえに苦しむ子どもたちを一気に救う、新時代の学校モデル『全国初、寄付型フリースクール』の実現を目指している。
2022 年 3 月、運営会社を「株式会社ギフテッド」と改め、新たなスタートを切った。
株式会社ギフテッド　https://369gifted.com/

輝きを取り戻す "発達障がい" と呼ばれる子どもたち
ゆめの森こども園　愛の関わりと連携の実例集

令和元年（2019）年 11 月 11 日　初版第 1 刷発行
令和 6 年（2024）年　7 月 17 日　　第 4 刷発行

著　者　前島由美

定　価　本体価格 2,100 円
発行者　渕上郁子
発行所　どう出版
〒 252-0313 神奈川県相模原市南区松が枝町 14-17-103
電話　042-748-2423（営業）　042-748-1240（編集）
http://www.dou-shuppan.com
印刷所　株式会社シナノパブリッシングプレス

　ISBN978-4-910001-03-6

船橋康貴著

ハニーさんの自伝エッセイ
ねえねえミツバチさん、仲良く一緒にどこ行こう

地球・人類の危機を救おうと奮闘するハニーさんを助け導くのは、いつもミツバチたち。パリ・オペラ座に飛び込んだり、ディズニーと交渉したり。壮絶、驚きのハニーさんの半生記！

A5並製　本体1400円

ハニーさんの
ミツバチ目線の生き方提案

日の出とともに起き、季節を感じ、ミツバチと共に生き見えてきた新しい社会のデザインを提案。社会問題も、地球規模の問題も、他人事にしないことで、私たちはきっと幸せになれる。

A5並製　本体1400円

金澤泰子著

あふれる愛
―翔子の美しき心―

ダウン症の娘・翔子さんを、深い愛で育て見守ってきた母の、愛の記録。エッセイごとに、翔子さんの書作品を掲載。

四六並製　本体1600円

愛のきせき
―翔子の魔法―

一人暮らしを実現させた翔子さんが地域に溶け込み、母の愛の中で巻き起こす奇跡と、二人三脚で歩んできた軌跡。この「きせき」が、人々の心をやさしさと愛で満たす。

四六並製　本体1364円

無着成恭著

おっぱい教育論

教育者として、子どもの「なぜ？」に向き合って70年の著者が問いかける、大人が子どもに授けるべき「ほんとうの知識とは何か」。母親、父親、教師、指導者、子どもを育むすべての人に向けて、「知識とは何か」「子どもを導くとはどういうことか」が、ユーモアあふれる語り口でつづられている。

四六並製　本体800円

子どもの潜在力を守り育むための 宇城憲治の本

心と体 つよい子に育てる躾

子どもも大人も「やってみて初めてわかる」作法に眠るパワー！

本書では、これまで誰も気づくことのなかった、躾や日常で行なう挨拶や礼儀などの所作のなかに潜む不思議なパワーをイラスト付きで紹介。

さらに「子どもは生まれながらに完成形である」という著者の重要なメッセージを伝える。

現代日本の抱える様々な問題の根源は、本来統一体であるものをバラバラの部分体にしてしまうあり方である――

次代を担う子どもたちのために、私たち大人ができることは何かを説く。

A5並製　本体1300円

人間は生まれながらに完成形

私たち人間は、母親の胎内に宿った瞬間からすでに完成形として偉大なエネルギーをもった、宇宙からの贈りものである――

その完成形としての成長を止める要因に、現代の社会環境や教育がある。

本書は、そうした現実の世界を直視し、本来人間に内在しているエネルギーによって、現状を打破することを提唱している。人間の潜在能力シリーズの第1弾。（英訳文つき）

四六上製　本体1000円

子どもにできて大人にできないこと

子どもって、すごいぞ！　大人が気づけば子どもは伸びる！

子どもの持つすごいエネルギーを、DVDの映像とともに詳しく解説。

筋力に頼らない力の存在を知り本当の人間の強さに気づく人間の潜在能力シリーズの第4弾。

『子どもにはすごいエネルギーがある』という事実がわかったら、親は我が子を抱きしめたくなる。

「子どもは素晴らしい存在、宝物なんだ」ということに気づいて欲しい。（英訳文つき）

四六上製（DVD付）本体1500円

季刊 道［どう］

文武に学び 未来を拓く

―― 誰かの勇気が誰かの一歩につながる ――

『道』が届けたい思い

それは、

自分の知らないことを知る驚き

自分にはない生き方に触れる感動

自分一人ではなかったという共感

自分もやるぞ、という勇気

なぜ苦難に立ち向かうのか

なぜあきらめないでやり遂げられたのか

どんな時代にも

その人にしか語れない人生や生き様がある。

でもそれが時に、あなたを動かす原動力になる。

『道』は、そんな方々の思いと行動のエネルギーを伝えたい

今、世の中は「これでいいのか」と思うようなことがたくさんあります。しかしそれを嘆いたり批判したりしても、前には進めません。一歩前に出ようとしても、どうしても足が出ない――そんな時、誰かの勇気や情熱が、誰かが振り絞るように語ったその一言が、背中を押してくれることがあります。

季刊『道』は、そんな連鎖を生んでいる人たちの輪を広めていきたいと願っています。

季刊『道』編集部

年4回 1・4・7・10月発行

【定期購読料】

1年（4冊）5000円（税込、送料無料）

【お申し込み】

電話 042-748-2423 どう出版

オンラインショップ

https://www.dou-shop.com/